心はどこへ消えた？

內心封閉時代的街角諮詢室

東畑開人 TOWHATA Kaito

張智淵——譯

稍長的序文

消失的心去哪兒了？——太宏大的故事與太渺小的故事

I 馬戲團的幕後

為期一年的週刊連載結束後，我總算鬆了一口氣，心情彷彿步下舞台，回到休息室時那般感到平靜。

實際上，這不是一份站在觀眾面前的工作——無須化妝、無須更衣、也無須撰寫文章——只是早晨待在自家書房，傍晚待在距離家裡最近的咖啡館「Renoir」，獨自一人敲打電腦的鍵盤而已（如今我也在 Renoir 寫著這篇文章）。

儘管如此，被每週的截稿時間追著跑的日子，仍有點像是身處馬戲團裡。那是一本提供給忙碌的讀者趁著空檔翻閱的週刊雜誌。散文內容不僅必須有趣，而且內容最好較為正面，然後又能帶點驚奇感。

姑且先不論成功與否，我想要這部連載的文章，能像是馬戲團一樣繽紛多彩。因此，我創造「馬耳東畑」這個解說分身，每週都讓他站上舞台，就這樣持續一年。

隨著演出落幕，馬耳兄出場的任務也結束了。他卸妝、脫下服裝，恢復原貌。

好的，接下來則輪到幕後人員的工作了。

沒錯，我想要先說幕後的事。

為了將連載的文章彙整成一本書，需要一個中心思想——也就是能夠輕柔地包裹這些各別零散的散文的想法。

因此，我在一開始想先寫出，關於這些讀來輕鬆愜意的散文背後，我究竟在思考什麼。

由於思緒千迴百轉，或許會有些冗長。我希望盡可能寫得淺顯易懂，但應該會稍微提到理論性的內容，並且提及歷史性的緣由。在這舞台背後，也有我個人身為臨床心理學家的嚴肅想法，敬請各位見諒。

話雖如此，原是為了喘口氣而挑中這本書的讀者，或許也有人希望我別寫一些死板的內容。不要緊，懷有這種想法的你大可以跳過這篇冗長的序文。

你可以隨意翻閱，從猶如馬戲團般的散文開始閱讀。縱然不知道幕後內情，若能樂在其中，本書作為散文之功用就已足夠。

不過，假如全部翻閱完之後，你能夠回頭讀這篇序文，看我如何說出內幕，此舉將令我不勝歡喜。因為如果連內心深處都能夠被他人了解時，才會覺得自己真正被人了解。

無論如何，先從內情開始說起吧。讓幕後人員爽快地訴說關於舞台背後的種種內幕。說到底，本書的主題聚焦在「幕後」，所以，我才會覺得這種作法很適合。

II 這不是一本與新冠肺炎有關的書籍

本書彙整了從二〇二〇年五月至二〇二一年四月，連載於《週刊文春》的專欄〈內心真痛苦喲〉文章。

不用說，這是被新冠肺炎搞得翻天覆地的一年。

有人被嚴重影響，有人或許只是受到輕微的波及。不過，我想應該沒有半個人能夠和新冠肺炎毫無關係地度過這一年。這可謂是「所有人」的問題。

本連載也不例外。當這份工作找上門時，我想既然難得要替《週刊文春》寫專欄，就要接連大刀剖析社會上的演藝新聞，創作出大快人心的心理學散文。不過，因為新冠肺炎而導致社會迅速變化的情況下，我實在沒有那種心情。

正因為身處於危機之中，當內心發生各種變化才更應該寫下來。身為一名心理師，我如此作想。

黑死病流行的時代，牛頓躲在鄉下避難，發現了萬有引力定律。據說，他將那段期間稱之為「創造性休假」。

不過，作為心理師是不能請那種長假的。我是臨床學家，被捲入漩渦之中，針對該漩渦進行思考，不正是我的工作嗎？

因此，原本於五月的連假結束後再提筆寫稿即可，但我在四月初就火速著手，一古腦兒熱中書寫新冠肺炎。於是乎，本連載史無前例地提前開始了。

不過，這不是一本所謂的新冠肺炎書籍。本書的書名既不是《新冠疫情肆虐下的內心》，也不是《新冠疫情的心理學》。

或許也有可能取作那種書名，但結果並沒有。

因為呢，在針對新冠疫情的主題持續書寫的過程裡，我才意識到真正的問題不在於此。

發現了起司

人與人不能再見面，不能再待在一起。失去連結，分別被隔離於不同的地方。儘管如此，彼此為了有所連結，我們仰賴線上交流。

內心遭受新冠疫情的肆虐而變得如何？內心失去什麼，沒有失去什麼？我沉浸其中，近乎忘我地盡情撰寫這種內容。

然而，手中的題材立即用罄。寫到第五篇時，我隱約察覺素材的不足；當我寫到第十篇時，完全自覺已經沒有丁點內容可寫。而當時，才剛入夏。

當然，截稿期限依然無情地到來。我必須硬擠出點什麼。因此，不用非和新冠疫情有關不可。總之，我每週都必須絞盡腦汁，想出與內心相關聯的內容。

內心真痛苦喲。誠如本連載主題。

實際上，心理學有許多論文和書籍，理論和知識多如牛毛。即便如此，我終究不認為能有任何一個主題能觸動到現代讀者的心。這個時代迫切需要的內心故事究竟是什麼？我完全不曉得。

極需靈感的我，於是讀報紙、看電視、瀏覽社群網站。不過，那裡淨是充滿著政治、經濟等天大的事，都不是適合用來描寫內心的小散文所能採用的。

怪哉。找不到內心。消失的心去哪兒了？

我接連好幾天都尋找著內心。

在冰箱的下層，我發現了起司。不過，在冰箱裡、沙發底下、衣櫃內側，我怎麼都找不到內心。我連雲端儲存空間的各個角落都試著搜尋過了，但依然沒有。不管怎麼找都沒有。

我繼續痛苦地敷衍了事，但也到了極限。因此，有一天我終於下定決心。

我找得這麼努力都遍尋不著。我沒搞錯，它肯定不存在。不是我的問題。沒錯，內心已不復存在。

我看開了。於是，失去內心而迷了路的思緒，稍微前進。

應該要做的事情不是寫「新冠疫情肆虐下的內心」。問題在於內心根本不存在。

消失的心去哪兒了？

這才是我真正該寫的主題。

漸漸明白這一點時，連載已經接近後半部。季節即將由秋入冬了。

III 太宏大的故事

「等一下！什麼叫做內心消失了？」

當然，一定會有人如此吐槽。

這是理所當然的疑問。你昨晚或許感到不安，今早可能心情變得比較好。如今看著本書，心中想著「等一下」。這些都是內心的作用，就這個層面來說，內心確實存在著。它沒有消失。

儘管如此，我還是想說「內心消失了」。

這究竟是什麼意思呢？

我們度過了疫情「全球大流行」的一年。

Pandemic 這個字是由希臘語的 Pan（所有）加上 Demic（人們）所組成。若以字面的意思解讀，它意謂著「所有人」。而且，還是嚴格意義上的「所有人」。它和全地球的人們有關。

倘若如此，疫情「全球大流行」就成為了「太宏大的故事」。

二○二○年的我們被太宏大的故事搞得雞犬不寧。全世界遭受相同的病毒襲擊，同樣擔心受怕，同樣面對威脅。所有人被捲入同樣的故事中。

比方說，每天公布的確診人數就是一個好例子。數字越大越糟，越小越好。這是比《麵包超人》更簡單的故事，而且正因簡單，它成為強而有力的故事。

如同很久以前的人們，經由龜殼上烤過的曲線，領會神意，決定社群的領導者。而我們則是從確診人數的圖表曲線，決定社會的領導者。

一陣暴風吹起。每當數字變化，圖表的曲線角度改變，社會就為之一變，所有人便採取相同的行動。

我們一起自肅，政府一律發放紓困金。所有學校停課，所有餐飲店於八點打烊。所有人一樣佩戴口罩，所有人為了囤購衛生紙而奔走。接著，大批民眾搶打疫苗。

太宏大的故事使我們團結成「所有人」。此時，個人被當作群體的一份子對待，要求所有人團結一心。

為了保衛社會，這是不得已的事。為了守護生命，這是必要的事。大家都懂。太宏大的故事的確具有不容分說的說服力。

不過，與此同時，許多小故事被暴風颳走，消失無蹤也是事實。若將圖表顯示的數值一一分解，其中存在著各式各樣的小故事，那才應該是我們的人生單位。

你和兩個同事聚餐，結果所有人都確診。這樣圖表上只會是「3」這個數字。

不過，其中仍存在著真實的小故事。大家即便知道有感染風險，仍因為各自的緣由而不得不出席去喝酒；確診之後，他們在家庭和職場應該也產生一些複雜的狀況。而我們的內心故事，實際上就存在那種地方。

然而，在太宏大的故事面前，令人非常難以想像何謂小故事。因為正確的主張具有異常強大的力量，所以其他例外和各別緣由、只能低聲傾訴的許多故事，就此被抹滅得一乾二淨。

若想讓所有人團結一心，一個個內心就會被消除。

何謂內心？

隨著書寫一篇又一篇的連載文章，我漸漸開始思考這種根本的問題。

於是，我才真正意識到自己截至目前為止，從未認真思考過「何謂內心」這件事——明明平常身為心理師，從事心理工作；身為大學教師，在課堂上教授心理知識。

遇到自己不懂的事，先查辭典，確認定義。從前，老師如此教導，我也如此教授學生，所以我也決定去圖書館，翻查心理學的專門辭典。

於是，我發現了一件驚人的事。原來心理學的辭典中，根本沒有「內心」這個項目。我翻閱所有擺在圖書館的辭典，果然都沒有「內心」的存在。怪哉。消失的心去哪兒了？

這是一件不可思議的事。宗教學辭典中，有「宗教」這個項目。文化人類學辭典中，有

「文化」這個項目。這是理所當然的事。基本上，學問的起點是準確定義研究對象。儘管如此，心理學辭典中卻沒有「內心」這個項目。不曾針對內心仔細思考的心理學家，很可能不只有我一個。

不過，唯有一本擺在書櫃角落的老舊小辭典中，有「內心」這個項目。其中，僅僅只有一行簡短的定義。

身體、物體的反義詞。

我笑了。這有講等於沒講吧？

我立刻轉念一想。不，這不好笑。

身體、物體的反義詞。換句話說，內心既不是身體，也不是物體。

內心是以否定形被定義著。這豈非深遠的洞察？

這就是本書中最理論的部分。雖然有點艱澀，但希望你繼續看下去。

比方說，頭痛欲裂時，你應該會先去醫院。在那裡，照腦部核磁共振、抽血檢查。結果，醫生診斷的結果是「身體毫無異常」。這時，你才開始思考，頭痛的原因也許是內心造成的。

或許，接受心理諮商時也是如此。遇到什麼困擾的事時，心理諮商並不是我們的第一選項。客戶們會先自行設法解決問題，認為是不是因為自己的身體出了狀況而請假，試著改變生活習慣；認為是不是因為所在環境不佳而搬家，或可能換工作。或許也有人認為是因為鬼魂作祟，而去廟裡驅邪。

直到上述種種情況仍舊沒有改善時，才會想到有可能是因為「內心的問題」。如此一來，才會不情不願地預約心理諮商。

沒錯，內心出現在「否定」之後。

不是因為身體，也不是因為物體。不是因為沒錢，也不能說是公司體系不好。不能單純歸咎於社會，也不只是環境的變因。這種時候，不得不視為人的內心出了問題。

或許也可以這麼解釋道，就是不能接受所有人說的話，也無法讓父母、同事、伴侶了解自己。當中有極為個人、僅限於自己才能明白的緣由。內心沉緬在這種異於他人、專屬於自我的孤獨中。

內心是極為個人、藏於深處且私人的東西。它是否定一切事物之後，仍會剩下的東西。內心不在旅行的起點，而是在終點才被發現。

因此，小故事正是內心的所在之處。在否定了試圖替事物簡單下結論的大故事之後，內心才會接著浮現。

難道不是如此嗎？

我們聽著對方傾訴著複雜的內容，不化繁為簡地持續聽著時——那個當下，便會感受到對方的內心。或者，當對方能夠原原本本地理解我們所說的複雜緣由，我們便也深深感受到，內心被對方所理解的滋味。不只是表面上的了解，若是對方連內情也能感同身受，應該就會了解我們的內心。

在新冠疫情之前

這是發生在新冠疫情期間的一年。

太宏大的故事抹滅了小故事。因此，找不到內心。

連載進入最後階段時，我終於看見了問題的形貌。於是，我才意識到：「就算新冠疫情結束，內心也不復存在。畢竟，從新冠疫情之前便是如此了啊！」

確實，新冠疫情是近幾年造成最大等級的超大故事。其風力壓駭眾人。

不過，內心並不是被新冠疫情的狂風一吹而消逝殆盡的。新冠疫情或許成了壓垮駱駝的最後一根稻草，但不是所有原因。縱然沒有新冠疫情，內心消失的問題遲早會浮上檯面。

請你回想起來，我們是否從新冠疫情之前，就漸漸被太宏大的故事給包圍？風勢逐漸增強的那段期間，我們漸漸失去了防風物。

這二十年來，小故事容易被破壞，內心一點一滴地被侵蝕。

因此，本書終究不適合被定義為所謂新冠疫情的書籍。

黑幕在新冠疫情的背後。這二十年來，我們的社會中發生的地殼變動才是問題所在。必須擴展視野。

消失的心去哪兒了？

Ⅳ 錯過了末班車

其實，必須從一九九五年開始說起。因為那是內心時代開始結束的一年。不過，若要動筆寫下那個部分，就必須觸及地震和宗教的領域，需要另一本書的篇幅來處理，所以在此，我想簡單帶過即可。

從一九九九年說起好了。那一年，我立志學習臨床心理學，所以姑且當作在那之前是「內心的時代」。雖沒那麼單純，但由於事情很複雜，也無可奈何。

從前，也就是一九九九年以前，內心可是閃閃發亮的。

河合隼雄這位臨床心理學家提問：「物質變得富足，但是內心如何？」令人著迷地訴說內心有背面、有深層的故事。那打動了許多人的心。

「真正的自己是怎樣的人？」、「活著的意義為何？」、「我是怎樣的人？」這類極具魅力的問題出現，人們向內心尋求不同於外界的另一種價值。實際上，當時展開「尋找自我」這類的旅行不僅很酷，電視上也經常播放心理測驗的節目。

最重要的是，臨床心理學大受歡迎。闡述內心深層的書放在一般書籍的書櫃十分暢銷，如果社會上發生案件，媒體就會邀請臨床心理學家，由他們高談闊論那是「因為內心的黑暗」所造成。大學心理學系的錄取率降低，也催生了「臨床心理師」這種證照。那一陣子，關於內心的工作逐漸普及於社會。

我決定學習臨床心理學時的時候，這段內心的時代即將結束，儘管如此，仍殘留著閃閃發亮的餘輝。正因如此，我選擇了臨床心理學，家人也沒有反對我走這條路。親戚中，有位叔叔甚至開心地說：「真有你的，今後是心理學的時代，你肯定會發大財。」真是樂觀。

然而，我其實錯過了末班車。

我於二〇〇一年進入大學，二〇〇五年唸研究所。二〇〇八年考取臨床心理師的證照，二〇一〇年從研究所畢業、取得博士學位。然後，我開始在醫院和心理諮商室從事相關工作。

二十年下來，我漸漸感覺內心遭受逆風。從前閃閃發亮的內心，如今幾乎不再受到人們關心。

實際上，心理學的書變得只擺在專業書的書櫃上，發生案件時，人們談論的不是「內心的黑暗」，而是「社會的扭曲」。心理學系的人氣一落千丈，也有許多研究所招不滿學生。人們冷言冷語地說：「就算發現了『真正的自己』又如何，『那能當飯吃嗎？』」

而最重要的是，心理諮商的沒落！

探索內心深處的心理療法曾受人稱讚，但如今，卻備受批判。

兩個人關在密室中說著祕密難道不危險嗎？太花時間了。CP值很低。上述各種批判鋪天蓋地而來，而這些批判也並非毫無道理。

取而代之的作法，是組成團體讓與會的所有人分享痛苦的事。這種作法能夠釐清目標，且在短期內見效，開始廣受眾人支持。至此，內心深層的魅力大幅褪色。

不僅如此，為了照顧內心，開始強調創造外在環境的重要性。比方說，提供居住、支付生活費、改變勞動環境等，輿論風向則改變為「問題不是內心，而是環境」。心理健康的第一線變成了經濟、社會性的問題。

唉，可憐的內心啊。

內心從前閃閃發亮，如今卻變成了累贅。

如同人們所說「就算發現了『真正的自己』又如何，『那能當飯吃嗎？』」執著於內心代表不成熟，被看作是一種無視於現實危險的事。

為何如此？發生了什麼事嗎？

風險變多了，但是內心如何？

我想，當然有各種答案，而且實際上，發生了各種要素交雜、層層複雜的原因。儘管如此，如果要一言以蔽之，我想說那是因為日本社會變得貧窮了。

是的，我認為「物質變得富足，但是內心如何？」這句話中，具有深刻的洞察。

內心的時代，日本十分富足。如同所謂的「Japan as No.1（日本第一）」，當時日本經濟正值巔峰，躋身為世界排名第二的經濟大國。

再加上，如同廣為流傳的「一億總中流」（譯註：大多數的日本人認為自己屬於中產階級）這句話所言，貧富差距也不大。當然，實際上存有各種差距和歧視，但是能夠擁有那種自己屬於中產階級的幻想，代表社會穩定。

正因如此，能夠安心否定物質。社會富足到即使否定物質，也絕對不會崩壞。因為是那種時代，所以人們能夠安心地對於內心感到興趣。

內心是物體的反義詞。因此，物體必須「實在」。

不過，那種真實感消失了。

如今去逛商店，店內擺滿了商品，物品本身及其充足豐富。可是，我實在不認為社會真的富足。

實際上，不景氣持續，經濟停滯。被捲入全球經濟之中，使得貧富差距擴大，雇用條件變差。即使我不詳述，各位讀者們也心裡有數。這二十年來，我們的社會變得貧窮，變得非常不穩定。

如今，最不缺的不是物質，而是風險。我們必須在隨處潛藏著風險的世界，獨自承擔責任地生存下去。

「風險變多了，但是內心如何？」這正是現代的實情。

物質已不再「實在」。社會貧窮。外在環境變成非常危險的地方。

於是，內心消滅了。若是內心曝露於暴力之中，或者被危險包圍，它就會凍結。或者警戒外界的事物，持續監視時，就無法思考內心。

內心是「自己」心中上鎖的單人房。不受周遭威脅，能夠獨自安心待在那裡時，我們才能回顧自我，能夠感受內心。因為唯有外在環境安全時，我們才有餘裕顧及內心。

社會變得貧窮。唯獨風險變多了。安全的單人房就容易受到威脅。

因此，內心當然也向環境尋求支援。內心的問題變成經濟、社會性的問題。

若是發生霸凌案件，在如何撫慰遭受霸凌的孩子的內心之前，首先必須阻止霸凌這種行為本身。若不先改善環境，只設法撫慰受害者的內心，就會變成助長霸凌的新暴力。

為了形成內心的單人房，首先必須將外在環境整備成安全的地方。關注外側，而非內心

——在充滿風險的世界裡，這成了首要課題。

個人變得脆弱

我或許把事情說得太簡單了。不再富足不可能是內心消失的唯一理由。畢竟這二十年發生過各種變化，導致彼此複雜地交雜在一塊。

不過，我認為個人變得脆弱這一項主因，終究是問題的本質。如今，我們個人受到威脅，難以維持內心的單人房。

你或許會大感意外。因為這二十年，社會上一直說著如今是「個人的時代」。

我想，確實也有這麼一面沒錯。經濟獨立、資產提高的人口增加是事實。不過反過來說，變成了個人赤裸裸地曝露於市場這個超大故事的社會。個人的時代是指——個人必須獨自承受風險的時代。

在內心的時代尚且安逸之際，個人受到保護，不會直接曝露於風險之中。當時，有一詞叫作「護送船隊」，它雖被用於形容負面的意思，但實際上，人們是在大船組成的船隊保護下所生存。我們各自隸屬於像是公司、學校或組織等某種類型的大船，身為船員，航行於人生這片大海中。大船成為防風物，替我們遮擋海浪。即使個人失敗，所有人也會共同分擔風險。

當然，船上有許多的不自由。大船有大船的規定，所有人同舟共濟一起航行，自然不如小船般自由。

大概就是如此吧。內心的時代伴隨「後現代主義」一詞（應該記得住吧？），也是人們一天到晚所說的「太宏大的故事完結」的時代。

像是「科學改善社會」、「讀好大學、進入好公司就能獲得幸福」，社會上所有人共有的故事的賞味期限已到期。因此，所有人該活出各自的小故事。

說到這，還有個痛切的理由。科學正汙染著地球，即使能夠進入好公司，領取好薪水，若是被迫擠進沙丁魚電車，從早工作到深夜，回到家將積累的壓力發洩在家人身上，這些根本稱不上是幸福吧。

大船千瘡百孔。船上開始看得見暴力的痕跡。有許多人被大船所傷。因此，人們對小船抱持憧憬，遠離社會或組織的價值觀，自行決定「如何生存」。小故事在當時，成為了一種能夠解放當下的故事。因此，內心得以閃閃發亮著。

太渺小的故事

後來經過了二十年。搭乘小船航海這個選項已不再具備解放的作用。因為無論期望與否，變成了所有人都不得不搭乘小船生存的世界。保護我們的大船已不復存，所有人搭上小船，被拋入大海。

我們或許變得自由了。如果不喜歡目前的處境，我們確實能夠前往任何地方。不過，其實我們感覺到的不是自由的舒適感，而是脆弱與不安。因為沒有大船保護，我們面臨到汪洋大海排山倒海而來的威脅。我們赤裸裸地曝露於太宏大的故事之中。

就是這麼一回事。

這二十年間，大船被解體了。換句話說，中間共同體瓦解了。人們個人化，開始搭乘小船航海。也由於這之中帶來許多好處，讓我們已經回不去從前。

不過，大船外的巨大力量直接襲擊個人也是事實。市場、資本的來襲；以及將人類視為同等生物的生物學，亦即破壞當地文化；全球化流通的力量等；統統毫不修飾地硬塞太宏大的故事給你。

我們被人問道：「那能當飯吃嗎？」、「CP值會不會太低啊？」；或被問道：「有證據嗎？」、「確診人數減少了嗎？」

它們再「正確」也不過了。當然，最好能當飯吃、CP值越高越好、最好有證據、確診人數越少越好。

小故事未免太虛幻。我們各有複雜的隱情，明明有許多事必須被各別因應才行，但是它們全被漠視。太宏大的故事連難以數值化的事物都數值化，導致複雜的事物全被簡單處理掉了。

若要持續在汪洋大海泛舟，小船未免太小。

小故事在大船仍存在的內心時代，看起來僅是支撐個人人生的尺寸。不過，如今已無能為力。實際上，它已變成太渺小的故事。

消失的心去哪兒了？

被太宏大的故事颳走了。

不是因為新冠疫情。這二十年，小故事變得越來越小，接連失去用來保護它們的防風物。

因此，縱使新冠疫情結束，個人恐怕仍舊脆弱。

今後，氣候變遷應該會加速，除此之外，說不定還有大災難會降臨。而在那段期間，全球資本主義應該會持續吞噬我們。

我們置身的故事變得越來越大，我們本身變得越來越小。我們正逐步被捲入那種難以對抗的潮流之中。

V 本書的中心思想

總覺得話題最後變得有點太大，總之，我想事先歸納出這一年的連載背後，種種我所思考、斟酌的事。

春季發生了新冠疫情。因此，我原本想寫〈新冠疫情肆虐下的內心〉。不過，題材立即用罄，所以夏天不管三七二十一，開始尋找內心。儘管如此，依然找不到內心。看開的我漸漸轉向詢問：「消失的心去哪兒了？」時值秋季。

隨著冬季造訪，我漸漸明白內心被太宏大的故事抹滅了。而且我察覺到那絕對不是因為新冠疫情，而是這二十年來一連串的演變所導致。

如今，內心變成太渺小的故事，變得非常脆弱。就在本連載的最後階段、迎接第二個春季來臨之際，我心中萌生了危機感。

這篇序文即將接近尾聲。一篇篇的散文幾乎按照撰寫的時序編排，敬請過目。應該隱約看得見連載大致上是以上述流程（思緒來來回回）進行。這就是本書曲折的中心思想。

內心在情節裡

正因如此，如今連載結束，我心有所感。

內心必須一再被重新發現。

太宏大的故事會抹滅內心。這難以反抗。

儘管如此，我們也能再度找到內心。因為太渺小的故事並不會完全消失。

個體是存在的。也各有各的複雜隱情。

從事這般理清頭緒的內容，便是我的工作。

這一年來，即使在新冠疫情最嚴重時，我也持續著心理諮商的工作。

在位於東京一隅，一棟住商混合大樓的小房間中，我持續和客戶見面。

有的客戶難以前來面談，我們改成線上進行；也有客戶持續在房間中與我面對面談話。

無論如何，我們持續針對內心這個主題談論著。

當時，我們談論的不是太宏大的故事，也不是新冠疫情、政府和全球資本。當然，在他們太渺小的故事的背景中，也有那種太宏大的故事。

不過，客戶們持續訴說的終究是身邊微不足道的人際關係，都與他們個人置身其中、極為個別的複雜隱情有關。

在心理諮詢室，客戶對抗太宏大的故事，訴說太渺小的故事。他們傾訴不能公開說的內心話——覺得無人知曉他們的心情，輕聲訴說自己的孤獨。

內心頻繁地被抹滅。我們再度找出它。但是，轉眼間內心復又消失。儘管如此，我們一而再、再而三地持續重新發現內心。為了做到這一點，我們持續交流對談。

因此，身為心理師，我必須說：

儘管如此，內心仍然存在。

在哪裡？

在情節裡。

在客戶訴說的太渺小的故事中的情節裡，他或她的內心會顯現。時而朦朧，時而鮮明。

何謂內心？它並非辭典中定義的東西。內心在以理論的話語訴說的當下，會變成灰色的標本。內心在大故事中會窒息。

並非如此。內心是極為個人、藏於深處且私人的東西。因此，內心寓於具體、各別、精彩的情節裡。生機勃勃的文學性隻字片語，才是內心的棲身之處。

大概無需再說明了吧。因為接下來展開的散文應該會一一具體證明。

大故事已經夠了。讀者八成也差不多感到厭倦透頂。只會寫欠缺情節、抽象文章的臨床心理學家，該退回幕後了。

如今，需要的是情節，是太渺小的故事。說起來，寫專欄這一年我也一直不知道它的意思，只管持續書寫太渺小的故事。因為我持續書寫著迷失的內心，然後再度找到它的情節。

讓我們請出能夠隨心所欲地收放情節的解說分身出場吧。沒錯，輪到馬耳兄上場了。

讓馬戲團開幕吧。

廉價的喇叭聲尖銳響起。五顏六色的氣球飛舞。鞭炮炸開，煙霧四起。隨著掌聲，掀開帷幕。

各位看官，精彩繽紛的情節即將登台。

目次

〈秋季〉

〈冬季〉

春季

馬耳兄失策了

大家好，我是馬耳東畑。

我為了寫散文，創造一個別名。這是臨床心理學的傳統技藝，所以我也決定依樣畫葫蘆。原則上，人物設定是神祕的日裔人士，直接源自於「馬耳東風」。於是，就變成了「馬耳東畑」。

起先是二月時，完全不聽他人說話的編輯對我說：「你明明是豎耳傾聽別人說話的諮商心理師，但是卻長了一對完全沒在聽的馬耳，這樣不是太棒了嗎?!」

這一段發言令我靈感爆發。「讚耶～說不定我終於找到了真正的自己！」當時，我們在茗荷谷的居酒屋裡大啖生馬肉。

唉，那感覺是八百年前的事。有一種恍如隔世的感慨，彷彿當時還在使用折疊式手機。當時的我，還幻想著馬耳兄大刀剖析娛樂性質的連載，針砭那些熱門無害的新聞，像是：名人外遇、藝人退出演藝公司所引發的騷動、皇室的愛情故事等等。

截至目前為止，我身為諮商心理師兼臨床心理學家，前半生過得太正經；所以中年之後，我想以第二人格隨性而活。深層心理學家——榮格說：若以兩種截然不同的人格生活，人生將會變得豐富。

不過，在那之後的兩個月，所有計畫砍掉重練。外遇、退出演藝公司或紐約留學，已經全都不重要。不，那對於當事者而言是切身之事，所以是對於馬耳兄而言，它們不重要。這可不是將別人的痛苦視之為娛樂的時候。

一切都是新冠疫情害的。自二月起，每週的狀況越來越糟，我寫這篇稿子的前一天，政府終於發布了緊急事態宣言。

我任教的大學也被封鎖，課程改為線上教學；我每天都煩惱著心理諮詢室如何營運，究竟該如何因應這種情況。儘管如此，我根本是小巫見大巫。在醫療機關工作的朋友們真的是賭上性命，而且有許多人完全失去了在疫情之前理所當然的生活。

世上澈底改變了。不過，如今改變也持續著，這篇稿子出刊之際，搞不好現在正書寫的內容也會變得不合時宜。不，或許可能性更高。日復一日，我們都知道明天的計畫為何，但是沒人知道下週的局勢會變成怎樣。儘管如此，每天的生活還是必須過下去。

不知未來會如何

完全無法預料未來。如今，我們生活在這種世界。那對於內心而言是很致命的。因為平常的我們宛如預言者一樣，一眼能注視未來的生活。像是「明天就這麼做吧」、「下個月起執行這件事」、「明年大致上是這種感覺啦」，某種程度知道未來，所以當下能夠安心生活。這種生活的日常包含著未來。

因此，若是未來崩壞，我們便會完全混亂。比方說，伴侶意想不到地提出分手時、在職場突然被宣告裁員時、家人的健康突然變差時，我們會茫然若失——不曉得今後會變成怎樣，甚至不知道現在發生了什麼事（有時候連過去也有崩壞的可能），日常生活變得分崩離析。

新冠疫情最嚴重時，我們儼然面對崩壞的未來，陷入混亂。電車照常行駛，超市裡也有食品，但是唯獨沒有未來（也沒有口罩）。因此，日常生活彷彿海市蜃樓，看似存在卻消失了。

我是諮商心理師，所以目前為止也遇見了那些未來感覺崩壞中的人們。

那種時候，人會情緒亢奮。一旦生存遭受威脅，我們就會陷入輕微的躁症狀態。腦袋運轉過度，忐忑不安，然後迫切地覺得「必須做點什麼」。

一旦不知未來會如何，我們就會忍不住行動。總覺得若是什麼都不做，情況就會變糟，所以姑且先去超市囤購食材。不得不展開行動。

不過，這種時候的行動大多會弄巧成拙，反而使情況惡化。這就跟深夜突然想起而寄送的簡訊，會引發不好的情況一樣。雖說「擇日不如撞日」，但那是穩定日常生活中的事。若是處於人生的困境，「想到之後，好好睡一晚再做也不遲」。如果沒有熟睡，最好等到熟睡再下決定。

因為縱然迷失未來，未來也鐵定會迎面而來。緊急情況下，與其自己主動接近未來，不如等待比較好。形勢會逐漸明朗，等到那之後再行動。姑且先停下來，「觀察情況」。這是重建未來所需的作為。

我們一起觀察情況吧

觀察情況。這是心理健康的最終絕招。不過，它看起來簡單，其實非常困難。若是緊急情況，更不在話下。

為了「觀察情況」，你我都需要他人。當有人對你說「我們一起觀察情況吧」，我們才能暫且停止動作。不安是種不可思議的東西，即使一個人承受不了，兩個人就能挺得住。1＋1等於0．5就是不安的本質。

首相和知事（都道府縣首長）連日出現在媒體，也是因為這個原因。面對如此規模的不安，訴說「我們一起觀察情況吧」，準備能夠觀察情況的安全環境，其實是他們才做得到的工作。為了靜待不知會如何的未來，支撐起這份未來的安心感是必要的。

我不太清楚如今進展得是否順利。我希望進展順利，但是未來完全無法預料。唉，馬耳兄失策了。才剛開始連載就出師不利。何時才能像平時一樣，針砭藝人的醜聞、執行大刀剖析的連載呢？

宛如超高速打簡訊的桌球選手

手機從早到晚一直收到簡訊，真受不了。因為大學封閉的關係，變成遠距工作，同事和學生一有事就全傳簡訊。尤其現在是選課登記的期間，學生們似乎陷入混亂，搞不清楚狀況，詢問簡訊的通知聲響個不停。

我也搞不清楚狀況，所以大多無從回答。不過，悲哀的是，我是個打從靈魂深處正經八百的人，所以一封一封仔細回覆。結果，驚人的是我收到加倍的回覆簡訊。我再回覆倍增的簡訊，回覆簡訊又加倍，一再爆增。簡訊本身該不會是病毒吧？

因此，這幾天的我簡直是桌球選手。如同中國國家桌球隊的王牌選手，不斷以超高速打字回覆簡訊。不過，自昨天起，我彷彿看見手機另一頭有位魔鬼教練，吆喝著「馬耳，還不夠快，再快一點，再準確一點」，冷酷無情地發球的身影，令我內心感到挫折。我留下一句「教練……我……不行……了……」不久之前關閉了簡訊的通知。

來自宇宙的收音機體操

然而不可思議的是，人們還聚集於大學時，沒有上演詢問簡訊的世界桌球錦標賽。雖然課程和選課登記的系統一直像是迷宮，即便這樣，學生們總是能夠確實完成登記，順利畢業。每年春季的這個時期，我都會消聲匿跡，化身為馬耳東風，一點問題也沒有。

學生們總會設法解決問題。日常生活正常運作。不過，大學封閉的當下，運作的循環崩解，支離破碎，轉而變成了無限簡訊。

我認知到「場所」具有多麼強大的力量。光是人們聚集於同一個空間，也就是只要諸多個體待在一起，我們就能設法做到不可能做到的事。

這令我想起從前任職的身心科日間照護中心。那裡是精神障礙患者從早待到晚的地方，其中有一位男性訴苦說：「我的大腦正在吸收來自宇宙的電波。」他什麼事都做不好。用餐會弄髒餐桌，進入廁所會無法出來，令周遭的人大傷腦筋。他與別人之間的對話僅限於電波。

他患有嚴重的精神障礙。不過，來到日間照護中心之後，他總算能夠勉強過上日常的生活。他的內心明明處於可怕的電波世界，但是待在日間照護中心，他能夠「正常」地過生活。

比方說，像是每天都要做的收音機體操。他堅稱：「收音機發出電波，我不知道做體操的順序，而且我不明白為什麼要做體操，總之……我就是沒辦法跟著做啦。」不過，只要活動時間一到，其他病患對他喊「快站起來」，他就會從椅子站起來。接著，他會模仿其他人的手腳動作，動一動自己的手腳。於是，他能做收音機體操了。雖然他做得不好看，仔細一瞧動作也很奇怪，但是他「感覺上好歹也正做著體操」，就這樣每天順利完成了固定活動。

家人看到他的樣子竟大吃一驚，因為他以往待在家裡的房間，除了和電波搏鬥之外，什麼事也不做，現在卻和所有人一樣「正常」地做收音機體操。家人看起來很開心地說：「他能夠好好做體操耶。」

在日間照護中心，他並非接受了什麼特別的治療。所有人只是在那裡正常地生活，並沒有特別專注地協助他。幫助他的是「場所」。若是有許多人在，許多個體聚集在一起就會自動產生小小的幫助。

幫助能夠替個體開啟無限可能

幫助能夠替個體開啟無限可能。若有身體，就容易幫助人，容易被人幫助。

若是看到不知所措，跟不上大家的個體，身邊的人就會忍不住示範教導。做不好時，若是模仿身旁的人的身體動作，就會產生勉強能夠正常做的氣氛。

不清楚的事就算依舊不清楚，也能勉強做好。那就是場所的力量。人們聚集於大學的時候，學生們能夠完成選課登記，我也能夠完成工作。那是因為場所幫助著我們。你是否也如此呢？工作時不太記得每個步驟，當身邊的人一邊教你，你一邊模仿身邊的人時，工作便能持續下去。不僅如此，在家裡打開電腦，就算自言自語說「啊，好累」，也沒有人會聽見；不過假使附近有別人，這句話就會被某個人聽見。於是，那個人說不定會噗哧一笑，低喃道「我也是」。透過三密（譯註：密閉空間、人群密集、密切接觸）傳來傳去的不只是看不見的病毒而已。看不見的幫助，也在無形之中交錯傳遞。

可惜的是，那種看不見的幫助因遠距工作而消失。如今，幫助必須全部化為文字，一定要被直接看得見才行。於是，簡訊互動就化身為世界桌球錦標賽。

如今，我們透過簡訊，進行原本身體自行在做的事。因此，身在手機另一頭的不是中國國家桌球隊的魔鬼教練，而是許多失去「看不見的幫助」的個體。他們陸續發球過來。而身在手機這一頭的，也是失去幫助、大聲叫苦的個體。

因此，其實我已經累了，但是不得已重新開啟簡訊通知，繼續打桌球。我將必要的幫助化為文字，最後附上一句「打簡訊像是在打桌球一樣，有夠累」。於是，對方回覆「真的是，我受夠了（笑）」。才稍微鼓舞了我、幫助了我。新冠病毒無法入侵網路線路，但是身體的「動靜」呢，確實會稍微傳到手機的另一頭。

我夢到在洞窟裡遇見木村拓哉

本連載的主題明明是「內心真痛苦喲」，結果卻變成「新冠疫情真痛苦喲」。我並不是要走在時代的最前頭。純粹只是滿腦子想的都與新冠疫情有關，寫不出其他話題。

不只是本連載。我在大學的課程中也只講新冠疫情的事，看的書也盡是攸關新冠疫情的一切。我連和新冠疫情不太有關的書也看得起勁，像是《口罩的歷史》（口罩似乎是發源於礦山之類的）。當然，啤酒喝的是可樂娜啤酒（譯註：「可樂娜」和「新冠肺炎」在日文的發音相同），抬頭仰望天空也會忍不住尋找太陽的日冕（Corona）。

我變得相當奇怪。我常常這樣。一旦內心的開關在某個時間點開啟，整個人就會一頭熱栽進同一則消息當中，一味地持續調查與研究。SMAP解散時，我也如此誇張。明明根本就不是鐵粉，從早到晚卻一直上網搜尋相關報導，怎樣都停止不了。最後連夢中都出現木村拓哉。他一面唱著〈夜空的彼端〉，一面抱緊我。我眼眶含淚地醒來時，確信自己頭殼已經徹底壞掉了。因此，在當時碰巧上門邀稿的專業書書評稿子中，胡亂寫著關於SMAP的事，這才終於清醒過來。

新冠疫情和SMAP。明明社會意涵和嚴重程度截然不同，但我在做的事卻一模一樣。我持續搜尋網路新聞，撰寫文章。我想，八成是受到衝擊時，為了守護內心而產生的自然反應。

莫名地抽動著

內心禁不起變化，這件事眾所皆知。壓力不是內心對於討厭之事有所反應，而是指所有變化對內心造成的負擔。因此，現實產生劇變之際，我們為了避免改變自己，會盡可能地拚命抵抗。

這令我想起的是，一名身穿漿過的純白襯衫的中年男性。他之所以來接受心理諮商，是因為抽搐。抽搐是身體的一部分擅自抽動的症狀，他的情況是，脖子會不自覺抽動痙攣。

他對我說：「除了脖子之外沒有任何問題。希望你設法治好這種抽動。」不過，我仔細一問，問題顯然不僅僅是脖子。前一年，他遭到裁員的同時，婚姻也結束了。他好不容易找到新工作，但是在新公司的待遇大不如前。他置身於劇烈變化的漩渦之中。

我告訴他，難怪你的脖子會抽動啊。不過，他並不認同我的說法。他說：「那沒有關係，對於我的人生而言，反而是正面的。」他接受了被裁員和離婚這兩個重大變化，他認為自己因此拾回了被他人奪走的人生。他一再堅持這是正面的變化。

抽動遲遲沒有消失，所以我們持續見面好一陣子，聊了許多事情。於是，我漸漸知道他從以前就是個正向樂觀的人。他的人生中，數度遭遇艱苦的局面，但是他每次都抱持正面思考，克服了重重難關。因此，他相信如果正面思考，也能度過這次的重大變化。他保持正面，不是為了接受變化，而是為了不讓自己改變。儘管如此，就像純白襯衫上的咖啡漬，抽動減損了他的正面態度。

至於內心，慢了半拍才跟上。他的身心漸漸亮起了紅燈。晚上開始睡不著覺，心情低落。而且在心理諮商過程中，他開始抱怨從前的職場以及對於家人的憤恨。獨自思考時，他的結論總是保持著正面陽光，但是在面談室一起思考時，絕望的結論就會湧現他的心頭。他說：「我是不是全都失敗了？」因為內心的疼痛而痛苦不堪。

他偶爾會不滿地對我說：「來到這裡，我的狀況就會變差。」不過，那時他的抽動已經消失了。那是因為，負面情緒即使沒有採取抽動這種形式出現，也在他的心中有了歸宿。因此，他並沒有停止心理諮商。我們仍持續針對他所喪失的事物，花時間談論。

一點一點地接受變化

內心不喜歡變化。因此，遭逢現實變化時，我們會封閉內心。為了做到這一點而執著於固定的方法。

像是那位中年男性的「正面思考法」，以及我的「一直調查與書寫」，都是不想改變自己，各自因應現實的方法。或許也有人會覺得好笑吧。從新冠疫情才剛開始起，對於變化敏感的人們可能會訴說著像「後新冠時期」，表示「不要逃避，要改變！不改變會完蛋」。

不過，那些人也沒有從新冠疫情之前，就持續著同一套說法吧。改革派不願正視現實的變化，為了封閉內心而執著於改革。

當然，那並非壞事。因為內心承受不了現實的急劇變化。誰能對遭到裁員和離婚這種雙重打擊的中年男性說：「你要澈底接受現實！」就像暴風雪來襲，最好躲在洞窟避難。有時候為了存活，也必須對現實封閉內心。

不過，如果就這樣一直待在洞窟深處，遲早會餓死也是事實。由於現實改變了，內心也必須稍做變化才行。即使我一直夢到木村拓栽，SMAP也不會回歸。必須在洞窟的入口附近轉來轉去，才能找到新的地圖。

其實變化就類似藥性強烈的藥物。一口氣服下會弄壞身體，但是完全拒絕，身體也會越來越差。因此，最好小口小口地舔舐。現實變化是一瞬間，但是內心的變化會緩慢發生，這很自然。

因此，前述的中年男性發生了抽動。他因為抽動，能夠一點一點地接觸自己內心的負面程度。同樣地，像這樣寫文章，也是一點一點地接受變化，我八成也試圖透過這種方法，慢慢習慣現實。我看著夜空的彼端，思念你的一切（譯註：〈夜空的彼端〉和〈思念你的一切〉皆為SMAP名曲）。

YouTube是安全的膠囊

因為大學的課程線上化，我變成了YouTuber。一開始我興趣缺缺，心想：「上課就是靈魂與靈魂的碰撞，我怎麼可能透過YouTube授課！不要小看我！」準備好抗戰到底了。不過，上司一句話命令我那麼做，我只好乖乖遵命，這就是領薪水副教授的悲哀奴性。我卯起來拍影片傳給學生之後，立刻意識到：「哇，這超讚！」回想起來，我覺得面對面授課比較痛苦。我老是在看別人臉色，若是學生擺出無聊的表情，或者開始滑手機，我的內心就會受傷。為了扳回一城，我會模仿傳說中的臨床心理學家——河合隼雄。學生會看我一眼，但是馬上陷入熟睡。連我使出殺手鐧，表演「假如東京都知事接受佛洛伊德大師的心理諮商的話……」這種搞笑短劇，也只會讓學生的睡意爆發，令我想要一頭撞死。唉……我的課程真無趣。

就這一點而言，作為 YouTuber 很棒。無論是想睡的學生，或者低頭滑手機的學生，都不會進入我的視野。若是同一個場所有兩個以上的靈魂，彼此就會感染病毒、無聊的課程就會曝露在光天化日之下，爛透了。社交距離，竟然如此美好。

社交的背後

從前，我替一位被稱為「精英」的三十多歲女性進行心理諮商。她留著一頭烏黑短髮，美麗動人，具有高度的社交能力。她與人互動的方式高雅，是一位人見人愛、好感度爆棚的女性。不過，她有一個定期重置人際關係的問題。她數度換職場，連朋友、伴侶經過一定期間，也會全部更換。每屆奧運會舉辦時，身邊的人都不同，她想要設法解決這個問題，於是開始接受心理諮商。

一開始諮商的過程很令人愉悅。她說的內容淺顯易懂，對於我的解釋，她也全盤接受，並能夠從中深入自我觀察。讓我不禁覺得自己真是個有能力的諮商心理師。

藉著交談的過程，我漸漸知道她從小是在有精神疾病、情緒不穩定的母親撫養下長大。從小時候開始，她便一直敏感地揣測母親的心情。若是她誤解了母親的心情，內心受傷的母親就會陷入混亂，激動地攻擊她。因此，對她而言，交流必須拚盡全力。她在面談室也這麼做。

不過，心理諮商過了一年之後，她的情況改變了。當時，她與職場的人發生一些爭執。這對她而言很稀奇。換作平常的她，能夠巧妙地應付過去，但是她做不到。她身上發生了變化。我認為，長期以來繃緊神經與人社交的她，精神上放鬆了。

因此，我問她：「妳是不是稍微放鬆戒心了？」她一如往常地回答「或許是」。不過，她不同以往地沉默了，好像無法好好接受這樣的自己。於是，我又再說了一次：「我認為，妳對這樣的自己感到困惑。」

於是，她爆炸了。她怒吼：「才沒有！我說『或許是』的時候，意思是『並不是』！為什麼你不懂?!」

她露出了原本藏在太過完美的假面具底下的盛怒情緒。她已不再是那種討喜的人。一頭烏黑秀髮倒豎，口出惡言。不過，這才是最重要的。因為那正是她開始考慮要重置這一段心理諮商的時候。

高雅的社交背後，其實有許多不堪的念頭。一直以來，每當關係加深，那些念頭快要藏不住時，她就會啟動重置這些人際關係。她需要的是即使關係不愉悅，也能一直相處在一起，而那正是她和母親之間做不到的事。

後來的心理諮商過程變得相當痛苦，可說是浴血奮戰，但是她歷經過那段期間之後，開始能夠和情人同居了。當關係快要超越普通社交的上限時，她決定不再重置，而是能夠跨越並挑戰進一步的關係。

他人或許是敵人

「遇見」的語源來自「Encounter」，聽說這個字原本意謂著「碰見敵人」。意思是說，他人也許是潛在敵人，有可能傷害我們。因此，我會在面對面授課時表演模仿，而那位精英女性反覆說著「或許是」。這樣說來，社交是一種設法閃避他人來傷害我們的行為。

自肅的日子裡，之所以也會感到輕鬆，是因為躲在乾淨的膠囊，能夠隔絕病毒和他人。

就像是不會出現怪物的RPG遊戲。我認為，我們因為這分安全感而鬆了一口氣。

不過，具有危險性的他人，對我們自己來說也是養分的來源。在RPG中，若是不和怪物交戰，就不會升級，夥伴也不會增加。當我們忍耐著與或許是敵人的他人來往，不免偶爾會意識到他其實也是朋友、夥伴。至少會知道他應該不是敵人。累積這種經驗，會深化我們內心的修為。因此，她才會怒吼「為什麼你就是不懂?!」。她從安全的膠囊踏出一步，尋求與他人互動。

YouTube的課程乾淨、安全又輕鬆。不過，若是靈魂被這樣隔離著，應該會缺少了什麼。我確信人終究需要靈魂與靈魂的碰撞。因此，我心想，必須傳達這樣的思考告訴我的學生們。在課堂上說了之後呢，完全沒有人來按讚。唉，我說的話果然很無聊。如今，我真想一頭撞死——「為什麼你們就是不懂?!」

截稿恐懼症

我從連載開始，一直寫新冠疫情的事，這次先暫停一下。像這樣遠離新冠疫情，可能會被防疫大臣怒斥：「防疫鬆懈！」但新冠疫情又不是生活的全部。人生可是有各種和新冠疫情無關，卻也痛苦的事。

那麼，我要說的是截稿恐懼症。我異常害怕截稿。說到我有多恐懼，為了不用直接面對截稿，我甚至會在兩週前寫好稿子。這麼一寫，恐怕會有人說「搞什麼，原來是在炫耀自己工作速度快啊」，但是此言差矣。希望你明白這種痛苦。一旦截稿日期逼近，我就會擔心自己是不是已經寫不出來了，心想「我真的完蛋了」，被逼得走投無路。於是，「逃避的話會變輕鬆」這種念頭就會萌芽。不朽名作《漫畫道》中，描繪兩位藤子不二雄拋下所有連載，消失無蹤的場景，我對此深感共鳴。

截稿恐懼症會把我逼瘋。因此，如同有懼高症的人避免搭乘摩天輪，我也會盡早執筆寫稿，自我管理，避免截稿恐懼症發作。不過，週刊連載很嚴酷。就像障礙賽跑，設定一個又一個截稿日期，一旦鬆懈，馬上就逼近截稿日。如今書寫的這瞬間也是，原本以為還早的截稿日期步步進逼，就在十天後了，真令人心跳加速。還剩十天，就要進入危險水域了。唉……我太天真了。我的天真程度就跟因為在自肅期間內開派對，而被經紀公司副社長痛斥一頓的藝人沒兩樣。

心中殘酷的副社長

截稿的什麼部分如此嚇人？我試著窺視內心。於是，我發現內心有位殘酷的副社長，他會左一句：「你寫這種無聊的東西幹嘛？」右一句：「鐵定趕不上截稿，你別作夢了！」不斷嚇唬我。

在心理學中，稱呼這種自我責備的聲音為「超我」。超我存在所有人心中，提示、規範著我們自身「你該這麼做」，也會評論「你做得很好」或「差勁透頂」，諸如此類的價值評斷。可說是我們各自心中的上司。

超我本身並沒有不好。如果是恰到好處的強度，就會帶給我們好處，完全沒有也不行。好上司能夠讓你的工作盡情發揮。沒有上司的職場則會陷入混亂。兩者是一樣的。不過，若是超我太嚴格，有時候反而會毀了一切。

從前，我曾替一名年長的偷竊慣犯進行心理諮商。雖說是退休，但他富裕又有社會地位，偷的是沒有急迫需求的日常用品，像是十個棕刷或八瓶洗碗精。那是為了偷竊而偷竊。平心而論，他看起來是個善惡不分，超我軟弱的人。因此，我會想告訴他：「偷竊物品其實是件不對的事啊。」不過，實際上他深知自己做了壞事。他知道那是違法行為，而且是造成店家損害的行為。非但如此，他認為自己罪大惡極，該判死刑。

我心想「既然如此，別偷竊不就好了嘛」，但是他有不得不那麼做的隱情。因為在每天責備自己「罪大惡極」的憂鬱生活中，唯一令他感到心情痛快的時刻，就是成功偷竊的瞬間。躲過監視器，順利離開店家；確認警衛沒有追上來。唯獨那一瞬間，他會感到幸福，心花朵朵開。因為唯獨此刻，殘酷的超我會停止責備自己。

他的超我投射於監視器和警衛。也就是說，沒有被監視器拍到、逃過警衛的法眼，意謂著他成功隱身，沒有被責備他「罪大惡極」的超我看到。現實和內心的世界混雜在一塊兒。因此，偷竊這件事療癒了他。

不過，危險的日常生活不會持久。他最終被抓到了。監視器拍到他的犯罪行為，店員報警，東窗事發。他絕對不願被家人知道這件事，但事跡敗露，全家人都知道了。下場淒慘，他覺得自己已經活不下去。他認為自己會受到其他人的輕蔑、謾罵，甚至被趕出家門。然而，事情卻發生了令他驚訝的轉變。警察和家人都很擔心他，不能理解他為何會偷竊，真心想了解是不是有什麼苦衷。後來，家人陪他去店家謝罪、賠償。店家的人也默默接受了。沒有人痛罵他「罪大惡極」。因為現實遠比超我更為和善。在那之後，他也慢慢改變了自己。

被超我操縱

寫到這裡，距離截稿日只剩八天。副社長向我挖苦道：「這次感覺趕得上截稿，但是這種水準的內容，虧你有臉拿給世人看。搞不好下回就寫不出來了，居然還想休息，真是悠哉。」

唉，越想逃離超我，超我就變得越殘酷。如同那位年長的偷竊慣犯，他認為遭到逮捕是救贖一般，我乾脆也拖稿算了，說不定能夠變得比較輕鬆。或許會被編輯瞧不起，但是編輯八成比心中的副社長還要和善。

大多數的情況下，現實比超我更溫和。這也是遠距工作痛苦的理由。若是不和同事碰面，獨自工作，超我的聲音就會變得越來越殘酷。心中的上司會投射於現實中的上司，所以覺得現實中的上司比實際上更殘酷。長假之後，不想去學校或職場通常就是因為這個緣故。如今，新冠疫情的自肅期也即將結束，這是個要緊的問題，由於說來話長，所以留待下回再議。

突然硬扯到新冠疫情的話題，也是超我搞的鬼。因為寫著非新冠疫情的內容，覺得防疫大臣彷彿一直在對我發飆。唉，我終究是按照超我的期望行動。這篇稿子寫完之後，我一定會馬上接著寫下一篇稿子的。啊～超我，心中的暴君。求求你行行好，請你睡一覺。

負面想法

該來的終於還是來了。大學一個月舉辦一次的最重要會議，我竟然漏掉了。因為是線上會議，覺得我會忘記，所以心想著「我絕對要出席」，從前一晚就幹勁十足，但是連上Zoom的視訊會議時，卻聽到系主任說「今天辛苦各位了」，會議正要結束。原來我弄錯時間了。

我忍不住開啟麥克風叫道：「咦?!難道開完會了嗎？」於是，系主任滿臉笑容地說「啊，馬耳老師，已經開完會了，好好看會議記錄唷~」準備和同事們一起退出視訊會議。

糟糕，至少必須表達自己的存在感。我對著電腦大叫：「各位辛苦了！！！」

實在無情。因為是遠距工作，我無法在走廊上辯解。我不知道該如何是好，頭痛不已。

於是，「負面想法」開始蠢動。我總覺得同事的臉上寫著：「這隻寄生蟲！」懷疑系主任的滿臉笑容是不是來自於想到某種殘酷點子的爽快感。

啊！難不成會議記錄中，寫了與我有關的懲戒處分嗎?!如此一想，我心生恐懼，無法打開會議記錄的檔案。

此外，「負面想法」越演越烈。連玩賭博麻將的前檢察長都只遭受訓誡處分，我卻落得要懲戒處分，我無法接受。話說回來，他們若在會議一開始發現我沒上線，即時通知我不就好了嗎？錯不在我。不，這會不會反而是想陷害我的陰謀？既然如此，我也做好打算。以眼還眼，以牙還牙。大家法院見。如今辭掉工作，閒閒沒事的前檢察長應該肯當我的辯護人吧。我可是要在法庭上據理力爭，冷酷無情地給予痛擊。

網路右翼的乾淨房間

昨晚精神錯亂。天底下真的沒有比「負面想法」更可怕的東西了。越想越覺得他人殘酷無情，自己也變得像是破壞神。

於是，我想起了從前在一所國中擔任學校的諮商心理師時，那位與他面訪的少年。他有一次在課堂上大便失禁之後，便再也不去上學。他開始躲在自己房間，害怕他人的目光，出門前則必須淋浴兩小時才敢出去。

由於他處於這種狀態，我必須去家庭訪問，但是要和他見面並不容易。他拒不見面的理由是想睡覺、身體不舒服，但實際上，我推斷他是因為害怕我。因此，我每次都留下簡短的一封信就離開。我期待著累積這些微小但安穩的接觸，能夠一步步緩和他的恐懼。

結果，終於起了效用。有一次，他基於偶然早醒這個理由，邀請我進入他的房間。他的房間整理得一塵不染。木質地板亮晶晶。說不定是為了迎接我，從前一天就開始打掃。不過，我沒有說破這一點。因為我不想刺激非常緊張的他。

我問：「你平常都做些什麼呢？」他打開電腦，讓我看他常逛的網站。螢幕中出現的是A國的環境汙染影像。因工廠廢水而染成粉紅色的河川，以及畸形的動物。他情緒激動地大罵隨便排放汙染物質的A國。乍看之下，他像是網路右翼，不過，聽在我耳裡，他是在責備在教室大便失禁，那個骯髒的自己，令我於心不忍。

我們持續見面。在他乾淨的房間裡，吃著他祖母端來的蛋糕，持續聊著環境汙染的話題。他總是很緊張。我猜想，他是害怕自己被我認為是個髒鬼。

有一天，我不小心從盤子弄掉吃到一半的蛋糕。奶油黏糊糊地沾附於乾淨的地板上。看起來既悲慘又淒慘。「對不起！」我立刻道歉，他表情僵硬地說「沒關係」，然後低喃道「其實平常地板很髒」。接著，他意識到自己說的話，笑了出來。我也笑道：「原來你平常跟A國一樣。」沒錯，就一點點髒也不要緊。不久之後，我們改成在學校的心理諮商室面談。當時，他終於不再說A國的事，並且坦白對我說出：「別人的目光很可怕。」

心中的戰爭

我們的內心潛藏著戰爭。它會在內心受傷時，戰火四射。如同幻想著要打官司的我，或者如同大罵環境汙染的那位少年，攻擊他人的負面想法停止不了，同時，遭受他人攻擊的負面想法也停止不了。

黃金週和暑假結束後，實在不想去職場或學校。若是放假期間，發生在心中的戰爭，就會這樣。心想「那傢伙好可怕」，認為「那傢伙令人火大」，這種負面想法在腦海中盤旋的過程，心中的「那傢伙」像氣球一樣越脹越大，變得越來越凶暴、殘酷。於是，變得很不想見對方。

若要結束戰爭，唯有直接見面。因為實際上，若是和他人接觸，我們的內心就會下意識地與人和平相處。於是，我們會想起能夠和他人和平相處時的自己。那正是那位少年邀請我進入他的房間時開始的事。我們一起看電腦，一起吃蛋糕。雖然有可能發生危險的事，但結果並沒有發生。那種時候，我們才能感受到和平的存在。

因此，疫情過後，雖然前往職場令人心情沉重，但是睽違許久，能夠和同事直接接觸有其存在的意義。能想起快要忘記的和平相處，是一件重要的事。雖然有時懶得與人相處，也常覺得是件麻煩事，但是應該也有歡樂的瞬間。總之，我也放棄擬定打官司的計畫，而是鼓起勇氣，準時參加下一次會議，並且一如往常地馬耳東風，將所有議題當作耳邊風。好一陣子沒去大學，讓我都快忘了，新冠疫情來臨之前，縱然發生大錯小錯，那些終究只是大家茶餘飯後閒聊的題材，用以博君一笑。

廁所武士與大便男

我相當習慣線上會議，覺得自己頗為上手，但始終不習慣的是會議的結束方式。無論是教授會、研究會或研討會，明明剛才還一團和氣，所有人打成一片，但是隨著「那麼，會議就到此結束」這句話，畫面「啪」地消失，所有人被拋入各自的房間。這對我來說很難受。那種感覺像是長年交往的情人只以一封簡訊，告知「我們結束吧，你不必回覆我了」，宣告分手。

每天都在失戀。研究會一結束，就會感到「唉~好虛幻」，望向遠方；研討會一結束，就會感到「諸行無常啊」，淚濕衣袖。教授會之後，忍不住吟誦短歌：「會議長又長，眾人忽從 Zoom 消失，學長再會啦，學弟孤枕夜難寐，獨望畫面悠悠嘆。」日復一日，深深體會著人終究孤獨。

不，不對。我們應該從以前就是孤獨的啊。縱然是氣氛再熱絡的會議，最後都還是一個人回到研究室。研討會和聚餐也一定會結束。不過，不會每次都感到失戀的痛。究竟哪裡不一樣呢？

少了走廊這一段。教授會結束後，眾人你一句「今天也是那位教授獨唱卡啦OK的狀態耶」，我一句「我都在想要不要搖沙鈴了」，眾人愉快地在走廊上互發牢騷。閒聊、背後說人壞話、密談，也全都是在走廊上發生的事。事件會在會議室和現場發生，但是這些具有人味的事大多是在走廊上發生的。

變身在走廊上解除

你知道遊戲療法嗎？這是一種透過遊戲，進行心理諮商的方法。經常用於無法使用言語好好形容自己的孩子。

從前，我曾對一名眼睛又大又圓的四歲男孩，使用遊戲療法。他的母親在半年前因病去世，從此之後，他開始在幼兒園對朋友施暴，擔心他的父親便將他帶來我這兒。

他一進入充滿玩具的遊戲室，馬上找到一把塑膠刀，頻頻拿刀打我。雖說是幼兒園的孩童，但還是打得我很痛。「不要打～」我慘叫求饒，他滿臉笑容地說：「我是廁所武士，我要收拾不乖的大便男。」看來，在他眼裡的我已變成大便男。

遊戲會顯現出內心的世界。他的母親正好在他進行如廁訓練的時期去世。因為自己無法好好上廁所，害得母親生病。這種想法雖然奇怪，但是他幼小的心靈似乎如此認為。因此，大便男其實就像是他本人，他像是在攻擊自己似地一般攻擊著我。在幼兒園施暴，八成也是這麼一回事吧。後來，我持續被他砍了好幾個月。雖然身體很痛，但是感受到廁所武士的心痛，我更是難受。

不過，從某一次起，遊戲改變了。廁所武士在砍殺結束之後，進行了治療。他用刀對著被砍倒在地的我，進行手術。當時的廁所武士很溫柔。他說：「你看，治好了，大便男，你可以復活了。」然後再度砍殺復活的我，進行治療。像是神聖的儀式一樣，他反覆那麼做。我想，他試圖讓心中的母親復活。而在此同時，他也試圖療癒內心受傷的自己。

自從開始進行神聖的儀式之後，他就不肯乖乖地從遊戲室回家。他會說：「我才不要回家！大便男，我還要玩。」賴著不走。我對他說：「今天已經結束了！」設法將他趕出房間，但是下次他又賴著不走。由於下一個時段的客戶正在等，我感到非常困擾。不過，有一次他罕見地按照時間，離開了房間。

亮晶晶的遊戲室外面，是一片水泥牆面的冷清走廊。一開始，他大搖大擺地走著，延續廁所武士的心情。不過，他開始漸漸駝背，腳步虛浮無力。他很明顯是故意裝的，所以我問：「怎麼了？」他回說：「廁所武士的變身正在結束。」原來他藉著使用走廊，進行變身解除的遊戲。那條走廊能夠從讓母親復活的遊戲室，通往母親已經不在了的現實。我才察覺到，他是因為開始面對這個現實，感到痛苦而不願回家。接著我意識到，他像這樣試圖進行變身解除的遊戲，讓自己因悲傷而變得沉重的身心能夠前進。因此，大便男也跟他一樣慢慢解除變身，變回心理師。我以同樣的步調走在他身旁。而他的父親正在等候室等他。

現實中的摻水威士忌

活著就是持續變身。我們有多個自己，在不同的房間和不同的對象在一起時，變身成不同的自己。宛如灰故娘一樣，不論被施加魔法或解除魔法，依舊活著。

不過，若是午夜鐘聲一響，魔法突然解除，就連灰故娘也會嚇傻的。光彩動人的公主變回蒙上一層灰的窮酸少女時，那份失落未免太過殘酷。那個男孩也是如此。他不可能立刻接受母親驟逝這個悲傷的現實。現實不該是一口飲盡的東西。

因此，那個男孩才會選擇走廊。走廊是用來變身的地方。灰故娘在那裡，一半是公主，一半是蒙灰的貧窮少女。因此，她有餘裕落下那只玻璃鞋。或者那裡一半是歡樂的教授會，一半是孤獨的研究室。正因如此，才能發些沒用的牢騷。而在走廊上，那個男孩是讓母親復活的廁所武士，也是一個失去母親的幼兒園小孩。這種曖昧不明的二重性，使他能夠暫時接觸痛失的母親。因為走廊會沖淡現實的殘酷。

另外，那未必要是物理性的走廊。男孩將冷冰冰的水泥牆面走廊，變成了變身空間。同樣地，線上研究會結束之後，能夠透過ＬＩＮＥ開玩笑；線上教授會之後，也能將短歌寄送給小圈圈的群組。那會在內心打造出走廊，並在其中進行遊戲。透過遊戲，內心會形成走廊。我認為，我們每天都是這樣往來於現實與孤獨之間。畢竟這些具有人味的事，大多是在走廊上發生的。

夏季

候補選手的品格

今年夏季，甲子園停辦。天底下沒有比這更悲哀的事。我對奧運、世界盃足球賽和職業棒球日本錦標系列賽幾乎都沒什麼興趣，唯獨甲子園不一樣。尤其是沖繩代表隊的比賽，我從不缺席地替他們加油，但是今年停辦。唉～真懷念激戰的夏季。有得分機會時響起的〈大叔你好〉（編註：喜納昌吉的歌曲）的小號、坐滿觀眾席的綠色加油團、手拿大聲公，手舞足蹈的候補選手們、坐在長椅上，高聲吶喊的候補選手們……沒錯，甲子園的樂趣就在於候補選手。比起賽況的發展，我更在意的是候補選手的心情。他們正在祈禱正式選手受傷吧？是否滿心想著「自家隊伍快點輸掉，就能回家玩《實況野球》（熱門棒球遊戲）了」？而他們是否自責著「這樣的自己是個沒救的人」呢？我腦中淨想著這種事，忍不住對著電視叫道：

「加油！你們在自己的人生中，可不是候補選手喲！」

哎呀，我知道。無論如何，每一支隊伍都是實力足以參加甲子園的名校。就算是候補選手，心裡也不可能有那種小人的想法。不過，我忍不住會想像，搞不好……而覺得哀傷起來。對我而言，這就是甲子園啊。

那當然是因為國中時代，我自己是棒球社候補選手的緣故。情愛翻騰的青春期，我容易受傷的高貴靈魂就在所有的比賽中，浪費在坐冷板凳上。我的靈魂儼然像是物美價廉的暖暖包。不過，其實會不會是這種候補選手習性，滲入骨子裡的廉價靈魂，引導我走向從事心理師這個職業呢？世上或許存在這種假設。

胖虎與竹竿弟

其實我想說：「不曾當過候補選手的傢伙是心理師，我不認同！」這肯定是基於憤恨的謬論，所以姑且僅止於「心理師和候補選手在靈魂深處的部分連結」這種保守的假設。基本上這其來有自。

當我還是研究生時，由於研究會的夏季集訓曾前往隱岐島（譯註：位於島根縣）。說到為何是隱岐，或許是因為對流放罪行感興趣，但是事到如今，完全不曉得那和心理學有何關係，所以我想，應該純粹就只是想去遠方。

無論如何，抵達島上之後，天氣太熱，所以早早放棄周遊流放族的罪行史蹟，我們決定在旅館看電視轉播甲子園的比賽。太陽下山之後，大啖隱岐牛與日本海的海鮮；夜晚鑽進被窩之後，我和學弟們一直說著研究所學長的壞話直到天亮。事件發生在我們累得像狗的回程，從米子前往岡山的特急「八雲號」上。所有人因宿醉、旅行疲勞和旅行結束的悲傷，情緒莫名地亢奮。

長得像胖虎的學弟突然露出一副深思的表情，開口說：「有一件事我至今無法說出口。你們肯聽我說嗎？」我看著窗外向後流逝的山脈，說：「什麼事？你說說看。」我想，我表現得相當溫文儒雅。

胖虎深吸一口氣之後說：「其實……我當過候補選手。」太過沉重的告白，令所有人都說不出話來。胖虎接著說：「我拚命討好教練。我滿腦子想的都是教練怎麼看我的。不過，他連一次也沒派我上場。全隊當中，就只有我這樣。我總是穿著乾乾淨淨的制服回家……」

他圓滾滾的眼珠浮現淚水，實在令人於心不忍。當時我心想著：「身為學長，我不能再讓他感到孤單。」而坐在隔壁，身材瘦得像竹竿的學弟則高聲說道：「不是只有你，我也是啊。」他的嗓門很大。

「不過，我有上場比賽過一次。當我坐在長椅上時，祈禱有人受傷，右外野的傢伙真的受傷了。」竹竿弟開始訴說這段往事：「但是，一站上球場，我內心浮現另一種祈禱。拜託，球不要往我這飛過來。可是，一顆又高又遠的漂亮高飛球飛了過來。」我們屏氣凝神，專注聆聽。「我的心臟怦怦跳，雙腳顫抖，動彈不得。結果，那顆球飛越我的頭頂，變成了場內全壘打。」胖虎悄悄地把手放在竹竿弟顫抖的肩膀。

「真、真巧。」我留意自己說話不失溫文儒雅，但卻破音。「我也曾是候補選手啊。」話語止不住從嘴裡跑出來。我停止不了地說著自己一直在長椅上看著比賽、想要早點回家玩《實況野球》而希望提前結束比賽。結果，竟然真的提前結束比賽。「因為是最後一場大賽，所以輸掉那一瞬間，王牌選手哭倒在地。然後，所有隊員也哭著衝向投手丘。」

可是，我當時一點也不難過。我反而心想著：「這樣從明天起，就能在冷氣強勁的房間，悠哉地看甲子園比賽了。」暗自竊喜。「明明大家都在哭，只有我在笑，是不是很奇怪？」胖虎和竹竿弟眼眶含淚地注視著我。淚眼之間，特急「八雲號」進入了隧道。「我……當時假裝在哭。明明眼睛乾澀，但是我一邊假裝擦眼淚，一邊跑向投手丘。當時，我的靈魂死掉了。」

候補選手有人性嗎？

「馬耳哥，我真替你感到遺憾。」竹竿弟說：「不過，更遺憾的是，我不是馬耳哥學校的諮商心理師。你必須獨自承受那份孤獨。」

「你爛透了。」胖虎也叫道。淚水從他的臉頰流下來。「你爛歸爛，但那不就是人性嗎？」

「我問你們，候補選手有人性嗎？」我說出了連想都不敢想，一直壓抑至今的疑問。兩人面露悲痛的表情，搖了搖頭。「……不知道。」一陣令人喘不過氣的沉默中，胖虎低喃道：「……人性是什麼呢？」沒有人回答得出來。

這時，先前應該坐在頭等車廂的教授走過來，問道：「你們在聊什麼？」

哎呀，篇幅用完了。為何未來的心理師們一個個都曾是候補選手呢？這個神祕問題的答案，且待下回分曉。

候補選手的人格

延續上一次的話題。上回講到讀研究所時，我和學弟們（胖虎和竹竿弟）結束集訓後，在回程電車上，發現我們在國中時都是棒球社的候補選手。大家哭得涕泗縱橫時，教授從頭等車廂走過來。

「你們在聊什麼？」神似狸貓的教授問我們。我的靈魂回到對教練猛獻殷勤的國中時代，忍不住也對教授卑躬屈膝。「我們在聊的事不會弄髒教練您的耳朵。我們在聊一個無聊的話題，就是我們三人居然都曾是候補選手。」狸貓搓揉大大的鮪魚肚，咧嘴笑道：「哦～挺有趣的……這是巧合吧？」

候補選手們倒抽一口氣。三人都是未來的心理師，三人都曾是候補選手。難道從心理學教授的角度來看，具有某種深意嗎？「難道是……命運……嗎？」胖虎漫不經心地說。「才不是，」狸貓咕嚕咕嚕地喝著寶特瓶裝的高級茶玉露：「是田園。」

特急「八雲號」車窗外的風景是深山，不是田園。這八成是狸貓擅長的謎語冷笑話，但是題材不明。教授不耐煩地說：「就……貝多芬啊。」我們不寒而慄。從前惹教練不爽時的心理創傷閃回——若不快點設法討好教練，就會遭到棄捨。這時，腦袋靈光的竹竿弟終於反應過來。「是交響曲吧?!命運和田園！老師真是天才！」教授瞇起眼睛，心情彷彿變好了。於是，教授一針見血地說：「候補選手啊，總是從旁觀者的角度看著世界，不是嗎？」

從旁觀者的角度看著世界

候補選手從旁觀者的角度看著世界。一點也沒錯。候補選手是世界的旁觀者。我們總是坐在冷板凳上，看著比賽。因為無法成為正式選手，而從一旁看著他們。況且，我們無事可做，所以一直思考他們的心裡在想什麼。

「所以我們才會唸心理學嗎？」我正面解讀道：「候補選手是不是心理學的超級精英？畢竟正式選手在活動身體時，我們一直在動腦袋。」胖虎附和道：「是啊，鍛鍊方式完全不一樣。我們一直在揣摩教練的心思嘛。這鐵定是天職！」曾是候補選手真好！我們內心突然充滿了幸福感。痛苦的經驗造就如今的我們。雖然過去歷經風風雨雨，但是我們如今徜徉於幸福之中。不過，竹竿弟一臉痛苦的表情，抛下一句：「可是，你連一次也沒能上場比賽吔。代表你沒有揣摩到教練的心思吧?!」

再度陷入一陣令人喘不過氣的沉默。胖虎開始啜泣。特急「八雲號」進入隧道。教授咧嘴笑道：「你們讀過三島由紀夫的書嗎？那可是候補選手的文學。」

我愛看三島的作品，特別喜歡《金閣寺》。那是描述主角從旁觀者的角度看著世界的故事。他畏懼人性，害怕被人傷害所以無法與他人正常來往。我覺得，他總是被人疏遠。因此：「如果放火燒掉金閣寺，葬身其中，是否就會跟世界有所交集？」主角產生這般奇妙的想法

「之所以從旁觀者的角度看著世界，是因為畏懼世界嗎？」狸貓說。胖虎赫然驚覺，「我畏懼球。《足球小將翼》漫畫中不是說，球是朋友嗎？可是，我覺得球是暴力。畢竟被

K到很痛。」我和竹竿弟異口同聲道：「我也這麼覺得。」

球很可怕。不，不只是球。教練也很可怕。被同學排擠也很可怕，上場比賽失誤也很可怕。而被人知道自己這樣畏懼，更加可怕。因為如此膽小的自己既丟臉又可悲。因此，一臉若無其事的表情，坐在板凳上。

為何候補選手們想要成為心理師呢？並不是因為過去不斷揣摩教練的心思，而是因為深切期盼和世界有所交集。心理師這份工作，是在連結人際關係的同時，針對內心談論，期望能幫助膽小且脆弱的靈魂小心翼翼地與世界交流。明明我們早已離開棒球社，再也不是候補選手了，但是靈魂仍有候補選手的傷痕，我們以此作為養分，從事治療遭到世人冷落的靈魂的工作。這時，教授帥到掉渣地說：「候補選手又怎樣？你們未來要成為好心理師喲！」特急「八雲號」進入岡山的市區，開始減速。

冷板凳棒球隊

竹竿弟在沉靜的氣氛中，嘟囔了一句：「為什麼我們都無法成為正式選手呢？」胖虎敷衍地回答：「因為資本主義吧。」我突然想到一個好點子：「我們改天組一支業餘棒球隊吧。沒有候補選手的隊伍。不，所有人都是候補選手的隊伍。冷板凳棒球隊。」他們兩人也同意：「這超棒的！」

話說回來，現代的社團活動體制是否有問題？竟然逼青春期的天真靈魂當候補選手，未免太不人道。候補選手也是人。把人權當作什麼了?!這個世界需要符合民主主義的棒球隊，所有人都是正式選手，不必向任何人獻媚。所以，我們要組成冷板凳棒球隊。這下子，令所有人精神百倍。教練只能是教授一人來擔綱了。因為唯有他能深深地理解候補選手的痛苦。

「老師您果然也曾是候補選手吧？您打哪個位置？」胖虎問道。沒錯，我們也想聽老師的候補選手情節。冷板凳棒球隊是分享傷痛的關懷共同體。

於是，狸貓彷彿等待已久似地開口說：「我參加的田徑社，進入高中聯賽，展開激戰。」蛤?這傢伙在講什麼鬼?!「那是一個炎熱的夏天，強敵環伺……」狸貓開始訴說他那充實的青春物語。蝦毀?!心理師不是個個都曾是候補選手嗎？

我想說出：「太瞎了吧，你給我回去坐好！」但是絕不能惹教授不爽。這關係到我的就業，重點是，我打死也不想在研究所遭到冷落，被當成候補人選。因此，我們面露卑微的表情，一直專注聆聽教授回首當年，直到電車到站為止。當時，我們感覺就像是在聽著從前棒球社教練的屁話。

勇鼠鬥惡龍

漫長的自肅期間好不容易才剛結束，確診人數就再度增加。大學也慢慢開始準備恢復實體上課，停止的時間終於要動起來，偏偏疫情又升溫，實在令人感到無力。這種情況，今後大概還要反覆來個好幾次吧。

於是，我想起的是讓老鼠「憂鬱」的方法。你或許會覺得，做那種事有什麼意義？但世上的確有各種需求。透過動物實驗，為了確認開發中的抗憂鬱症藥物是否有效，當然需要憂鬱的老鼠。

作法既簡單又殘酷，就是讓老鼠在水槽中溺水。老鼠會拚命掙扎一陣子，但是到了某個階段，老鼠會覺得「我不行了，啾～」停止亂動。當然，老鼠不會說話，所以我不知道牠怎麼想的，但是停止努力，放棄憑自己的力量逃出水中是事實。因為老鼠絕望了。

在這個階段的實驗中，會讓老鼠服藥。然後，隔天再讓老鼠於水槽中溺水一次，這次測量牠經過多久的時間才停止亂動。像這樣操作，驗證藥是否有效（詳情請參閱《動物是否有「憂鬱」情緒》／加藤忠史著）。

我懂老鼠的心情。不管怎麼游，不管怎麼自肅，新冠病毒都不會消失。時間沒有前進，故事原地打轉。說到這個，即使夏季氣溫上升，內心也完全燃不起熱情，更想不起有什麼春季的記憶。時間靜止了。因此，我不行了，啾～。

學會霍伊米

一位細眉毛的三十多歲男性，是待在殘酷職場中，過度爆肝工作的戰士。不過，他來接受心理諮商時，整個人快被逼瘋了。不安和焦躁的思緒始終在腦海中打轉，甚至夜不成眠。儘管如此，他為了繼續奮戰，還是來接受心理諮商，可是我實在不認為他能夠繼續工作下去。因此，為了請醫師開診斷書，我介紹他去看身心科，醫師馬上開出診斷，接著他便停職了。戰士需要的是休養。

不過，對他而言，卻很難好好休息。他不用去公司上班，但是心情上沒有獲得休息。因為他對於休息這件事的本身感到愧疚，累積了不安和焦躁。結果，他即使在家，也一直閱讀與工作相關的書；為了逃離罪惡感，還想著乾脆換到不同的職場，甚至開始找尋新工作了。戰士即使停職，時間也停不下來。他困擾不已說道：「我睡也睡不久。該怎麼辦？」我告訴他：「要不要做些無謂的事呢？現在能用手機打勇者鬥惡龍，你就只顧如何提升遊戲等級如何？」他苦笑道：「反倒是我降級了啊。可是也好，我從以前就喜歡勇者鬥惡龍。」

他成功地沉迷於勇者鬥惡龍。無論睡覺或醒著，都在持續打倒怪物。這種無謂的時間令他暫時忘記工作，平息不安和焦躁的風暴。他逐漸感受到確實在休息的滋味，睡眠和進食也慢慢一點一滴恢復。生活節奏開始調整了。

不過沒想到，接下來發生的事才累人。他開始抱怨：「時間好像停止了。」睡覺、起床、睡覺。每天毫無變化，感覺自己從社會被切割了。自己在社會上變得沒有容身之處，完全不知未來的自己會如何。如此一想，不如死了一了百了。到目前為止，受到焦躁所壓抑著的「憂鬱」終於現身。他感到絕望：「我是不是一直會這樣呢？」

因此，我們持續談論，聊他之前待在哪種職場，一路以來是以什麼姿態工作著，接下來想做些什麼，或不想做什麼。於是，他意識到了為何自己是戰士。他悲傷地說：「因為我不會霍伊米。」

霍伊米是勇者鬥惡龍的回復咒語。「光是作戰的戰士，遲早會死」這句話令人心酸。不過，在這段停止的時間中，他好像稍微認識了自己。

結果，時間緩緩開始移動。偶然間，一位同事邀他見個面，他有心力回應了。於是，春風一陣陣吹進他心裡。人資來電與他聯絡，他和上司面談過後，決定了復職之日。赫然回神，社會這個漩渦一如往常地逼近，將他吞噬。不過，和之前有點不同。他能夠適度地忙裡偷閒。因為他學會了霍伊米。我告訴他：「你稍微改變了耶。」他笑道：「我在勇者鬥惡龍中，轉職成能夠使用霍伊米的僧侶，所以在現實中不換工作，打算再拚一下。」

耐心等候的夏季

內心康復有個時間停止的階段。

當然，在那之前必須整備環境。有的人需要經濟支援，有的人為了離開危險的環境，需要能夠一個人生活的住處。戰士需要停職；老鼠該被從水槽撈起來。使外界變得安全，保護自己不受暴風侵擾。這是第一選擇。

暴風平息之後，風平浪靜的時間來臨。風不吹了，時間停止。這時，我們忽然回過神來，獨自一人。於是，終於能夠內省。我們平靜下來，得以思考自己的事。這是和老鼠不一樣之處。我們處於停止的時間，回顧過去，思考未來。從歷史中學習，逐漸能夠稍微改變自己。

話雖如此，停止的時間並不好過。這時，我們不僅感到孤獨，不知何去何從，也喪失方向。我們知道新冠疫情遲早會結束。不過，不知道是「何時」，所以痛苦。

儘管如此，必須等待。不是勉強驅動時間，而是靜候時間動起來。因為社會遲早會動起來，將我們捲入其中。總之，觀察情況是心理健康的最終絕招。今年夏季要在水槽旁，耐心等候。《週刊文春》下週也放暑假。連載戰士也要休養一陣子了。

來自大師的一封信

發生了驚天動地的一件事。我竟然收到了來自藤子不二雄A大師的一封信。曾幾何時，我在本連載中寫過大師的《漫畫道》，好像被大師看到了。

他是我心目中的大師。當然，在社會上也是大師。青春期時，我不知重看了幾次《漫畫道》。二十年後的今天，當時擁有的漫畫仍在書櫃上的，只有《漫畫道》和《獵人Hunter×Hunter》。

那位大師看了我的連載。我歡天喜地，忍不住高聲歡呼。於是，我四處告訴所有親戚，超高齡的祖母非常感動，竟然睽違二十年給我零用錢。託大師的福，目前連載獲得廣大迴響。

不過話說回來，年逾七十歲的老前輩們有寄信的文化，真的很棒。除了大師之外，我所處業界的長老們在某個地方看到我的論文或散文，也經常會在明信片寫下簡短感想寄給我。那很令人欣喜。某個人在意想不到的地方，關注著自己。這世上沒有比這更激勵人心的了。來自遠方的一封信，具有支撐人生的力量。

誇獎他人很困難

有一位女兒不去上學的母親，我替她進行心理諮商。她女兒升上國中二年級之後，害怕人群而無法好好去上學。往後一年，那位母親和我每週見面，討論該如何對待她女兒才好。母女關係非常困難。擔心女兒的母親做了百般努力，像是一起散步、替女兒找家庭教師。不過，所有努力都進展得不順利。那位母親的女兒對人感到強烈不安，她也無法澈底理解女兒的心情。兩人無法交心，互相傷害。

在努力的過程中，那位母親發現女兒每晚將自拍照上傳至社群網站。她女兒身穿可愛的衣服，略施薄妝自拍。許多連名字、長相都不知道的人來留言「好可愛」、按「讚」。這是非常危險的事。不過，她女兒因此感到內心受到撫慰。因為在與人毫無交集的生活中，唯有此時能夠感受到自己的價值。

當然，那位母親沒收了女兒的手機。兩人的關係因此交惡。不過，那位母親此時卻意識到了「女兒沒有自信」這個狀況，回顧自己過去多年來，養育孩子卻毫無心力顧及她的感受，更發覺「我可能確實不曾好好誇獎過她」。

從此之後，那位母親開始拚命尋找女兒的優點，並一一悉數告訴她。像是吃完飯收拾碗筷、比平常早起，以及雖然不想去上學，但還是努力試圖去學校。那位母親細心觀察女兒，並且持續給予誇獎。不過，那也進展得不順利。她女兒對於母親不同以往的言行，略感詭異，直覺認為這是母親為了讓她能夠去上學的策略。她女兒說：「煩死了！別說噁心的話！」更加不信任母親。母親無計可施，感到絕望。就在這時，那位母親知道了女兒又再將自拍照上傳至社群網站，同時和年長的男性互傳訊息。

那位母親感到很挫敗。「都是我不好，到頭來，我一心只想著自己，絲毫沒有想到女兒。」看到她在眼前放聲大哭，我也於心不忍。不過，也覺得不對勁。因為實際上，她這一年來拚命把焦點放在女兒身上。她確實有些笨手笨腳，但是每週從不間斷地來心理諮商，與我溝通訴說女兒的事。因此，我告訴她：「我看得出來，如今的妳，連女兒的微小變化都看得出來。」她搖了搖頭，繼續哭泣。不過，她在面談的最後，畏畏縮縮地問：「在您的眼中，我真的看起來是那樣嗎？」我回答，「是的，雖然令人無法置信，」並且補上一句：「這或許就跟令嬡無法相信妳一樣。」

那位母親堅持住，繼續觀察女兒的小變化，繼續誇獎女兒為了改變而付出的努力。她女兒漸漸對於她的作法不再反感。聽說，她女兒事後坦言，剛開始被誇獎覺得很不好意思。她女兒也看見了母親的努力。當時，母女倆好久沒有一起笑了。

他人悉心關注我們

「被人關注」很不可思議。那是被人監視，也是被人守護的感受。

整體而言，平常的我們大多覺得「被人監視」。社會很嚴格。一鬆懈就會挨罵，被追究失敗的責任。總覺得自己總是被人盯著不想被他人看到的地方。

不過，往往有時也會覺得社會意外地和善。因為有時覺得連我們自己都沒打算讓人看到的事物，社會也仔細盯著、瞧著看。我想，來自遠方的信是如此，發生在那對母女身上的事也是如此。

在日常生活中，我們通常會隱藏自己的缺點。那是活在這個社會上，很重要的事之一。但不僅如此，生活中，我們連優點也隱藏起來。或者應該說是，實在不認為自己好的部分是優點，所以放在別人看不到的地方，而且連自己也忘了它的存在。

某些時候，它會被人發現的。仔細關注我們的人都看得見的。像是那位母親拚命替女兒著想、她女兒本身拚命試圖克服痛苦的事，我們自己看不見這種事物，但是別人看得見。而當別人告訴我們說「這些我都看得見」，我們也能實際感受到。

「別人關注我們」很難能可貴。這在小時候較為容易獲得，成為大人之後，便鮮少獲得他人的關注。誇獎人之所以困難，不是因為語言技巧的問題，而是因為「悉心關注」很難。因此，假如偶然發現他人的優點，請如實告訴對方。因為那是創造幸福的瞬間。

因此，為了向大師看齊，我今後也想勤於寫信。從前看到後輩寫的論文，會心想「這傢伙居然在寫論文」，因嫉妒而失控，但是今後我要改過向善，帥氣地寫下一句「寫得真好喲」。啊，順帶一提，身在遠方的各位一樣也可以寄一封內容帥氣的信給我。

燦笑熊的劈哩啪啦大爆炸

你知道《Toon Blast》這個遊戲嗎？咦，不知道？這怎麼行。請下載至你的手機看看。App Store 清單中應該有隻笑容欠揍的熊。不過，不可以馬上解除安裝喲。這很重要。一旦玩上癮，你的腦中就會變成一堆方塊、炸彈和火箭，關於這本書之類的東西根本不重要。

截至目前為止，明明才寫兩百字，我已經玩了十次以上。寫這一句話，我又玩了一次！令人欲罷不能。唉～燦笑熊汙染了我的大腦。這明明只是一個消除方塊的單純遊戲，但是合併炸彈和火箭就會產生衝擊波，以十字型劈哩啪啦地消除橫向及縱向各三排，破壞大量方塊，大腦因快感而愉悅顫抖著。

誰可以來救救我。這週弄錯時程表，兩個案子的截稿日期重疊。不是爆破貝殼方塊的時候了。儘管如此，大腦還是尋求劈哩啪啦大爆炸，忍不住去摸手機。不行。我下定決心「只好解除安裝」，但是燦笑熊在敲我大腦的門。「劈哩啪啦大爆炸很爽快吧？嘻嘻。」別再說了，我真的很忙。燦笑熊追問：「越忙越想玩，劈哩啪啦大爆炸很爽快吧？嘻嘻嘻。」對啦。因為被截稿日期追著跑，所以想使出劈哩啪啦大爆炸；因為使出劈哩啪啦大爆炸，所以截稿日期追得更緊。綜合以上，我好困擾。

割腕

一名年輕女孩從明星高中輟學後，便在便利商店打工，她從身心科被轉介過來我這兒。理由是她自己無法停止割腕。她討厭自己，覺得自己個性差、長得醜，所有人都討厭她，所以從這世上消失比較好。實際上，她個性成熟，長相甜美，但是本人不以為然。一旦這種自我厭惡的想法浮上心頭，她就會割腕。因為這麼做，能夠暫時讓內心麻痺。

令我印象深刻的是，她無法好好說話。即使我詢問日常情況，她也只會說「普通」、「我沒事」，大多處在沉默的狀態。她難以將自己的心情化為語言向他人傳達。儘管如此，在時間累積的過程中，話題一點一滴慢慢打開。而過了半年時間後，她開始訴說母親的事。

她的母親很優秀，人生平步青雲，事業一帆風順。不僅如此，她的母親與對家庭漠不關心的父親不一樣，家事做得無可挑剔，也肩負起女兒的教育責任。母親是個強韌的人。或許因為如此，她的母親實在不能理解女兒心中的自我否定感。連女兒失去希望，從高中輟學時，她母親也樂觀看待，認為這是對新夢想的挑戰。而她在家裡發生過度呼吸時，她母親也認為是「情緒問題」，要求她堅強起來。家裡沒有她示弱的地方。這的確是很可憐的事。不過，她個人卻覺得自己對母親造成困擾，令她感到痛苦，因而割腕。

她如此向我訴說之後，從下週起，就不再來心理諮商了。也沒有跟我聯絡，但是我等待著她到來。果然一個月後，女孩又出現了。她若無其事地說：「我跟以前沒兩樣。」我心想，這就是她的痛苦之處。因此，我告訴她：「上次，妳吐露痛苦的心聲後，是不是覺得也對我造成困擾呢？」她沉默許久之後，痛苦地說：「我停止不了在家裡割腕。」從長袖的縫隙，我看見她手腕上快痊癒的粉紅色傷痕上，新添了紅色的刀痕。

她需要的不是自己設法解決痛苦，而是請託別人解開她的心結。為了做到這一點，需要她母親的協助。一開始她並不願意，不想給母親添麻煩。不過，幾次反覆交談的過程中，她勉為其難地同意了請母親來參與面談。

對於女兒割腕，母親大感震驚。原來她母親不知情，而且無法理解女兒在想什麼，表示自己一籌莫展，不知道該怎麼對待女兒才好。這正是轉機。當然，花了好長一段時間。不擅表達、只好自我傷害的女兒和不擅關懷的母親之間，數度發生摩擦。摩擦是指兩人為了能夠相處，相互磨合。漸漸地，兩人能夠習慣彼此。女孩即使沒有過度呼吸或割腕，也能和母親分享想法。我最後一次見到女孩時，她身穿短袖T恤，毫不遮掩地擺動白皙漂亮的手臂。

心中的治療者

我們心中住著治療者。當我們工作過度，精疲力盡時，治療者會勸我們去做些飲酒或吃甜點之類的事。我的燦笑熊也是其中之一。因為截稿日期重疊，被截稿壓力追著跑，所以燦笑熊勸我劈哩啪啦地破壞方塊，才能感到痛快，進而自我療癒。確實，那會讓我們的痛苦瞬間麻痺。

對於那位美麗的女孩而言，割腕也是如此。她為了消除痛苦的心情而那麼做。因此，縱然試圖讓她停止割腕，也難以如願。因為那麼做的話，無法完全處理痛苦。話雖如此，也不能兩手一攤，視而不見。患有酒精依賴症的人也是如此，若是療癒自己的事物過量，會反過來控制自己，變成破壞者。

這時，有兩個解決方法。一是事先準備幾個小小的療癒方法。比起一個終極的療癒方法，三十個稍微有效的療癒方法更安全許多。二是像那位女孩的作法，鼓起勇氣，依靠他人。不是單靠個人來自我療癒，而是請他人療癒自己。這是我們心中的治療者容易忘記的一點。他人偶爾會傷害我們，但是也會為我們帶來幫助。

書寫到這個階段，《Toon Blast》的等級也升到三十級。我玩過頭了。不過，這段期間內，同隊的巴西人在遊戲中所累積的點數竟是我的三倍，令人驚愕。唉，這傢伙也被燦笑熊迷了心竅。他八成也有什麼痛苦的事吧。

我為何沉迷於退出傑尼斯事務所的新聞？

如你所知，我有截稿恐懼症，因此是會提前寫稿的那種人。在心理健康上，能夠預留時間，提前完成很好，但這也會有壞處。稿子出刊時，話題的新鮮度處於即將腐敗的狀態。簡直就是以牛車，從天橋立（譯註：日本三景之一，位於日本海宮津灣的沙堤，全長約三點三公里）運來的鯖魚一樣。

儘管如此，我忍不住還是要寫的內容是——TOKIO的長瀨智也退出傑尼斯事務所（譯註：長瀨智也於二〇二〇年七月宣布隔年三月從TOKIO退團）。你或許會傻眼，覺得「又是傑尼斯的話題?!」，但是沒辦法（作者註：因為篇幅過長，所以本文編輯成書時大幅刪減）。人生一再反覆。快訊播報之後，我一直上網搜尋長瀨智也的消息。完全是浪費時間，出現的淨是類似的資訊，而且我根本連自己想知道什麼都不曉得。明知如此，我還是停止不了。唉，我把自己的一切都託付給長瀨智也了。

連我自己都感到匪夷所思。我平常並不會仔細追蹤傑尼斯藝人的動向。儘管如此，一旦播報退出經紀公司的新聞，我就會被奪走三魂七魄。思考原因，意識到或許這正是所謂心理學的核心吧。因此，我為何沉迷於退出傑尼斯事務所的新聞，即是這次的提問。

為何在一起？

一位高雅的老婦人說：「我無法好好入睡。」這是不可思議的控訴。因為她的睡眠時間相當充足，睡眠品質也不差。不過仔細一問，她說她在入睡前，會花點時間思考事情，因此覺得自己「睡不著」。

她想的是從前和父親的幸福記憶。例如，小時候兩人一起在庭院抓蝴蝶，還有大學的入學儀式之後上餐館等。她說，她不懂為何到了這把年紀，會想起那種芝麻小事。

我也不太清楚。因此，我決定姑且觀察情況，持續見面一陣子。於是，睡前思考事情的這個行為本身很快消失了。我沒有特別做什麼，但是她能夠入睡了。

然而，她沒有停止前來面談。我覺得她是個奇特的人。因為問題解決後，她依然持續訴說自己的事。她生長於不愁吃穿的富裕家庭，嫁入門當戶對的家庭。丈夫體貼，經濟上也靠得住。孩子們長大成為優秀的人，已經獨立。如今，她和退休的丈夫兩人生活，享受彈鋼琴這個嗜好。而且她期待三不五時幫忙看顧孫子。

她看起來很幸福。實際上，她也反覆訴說自己很幸福。明知如此，她為何還來心理諮商？我不明白這一點，實在如坐針氈。

有一次，我趁對話中斷，決定老實一問：「我們究竟是為了什麼，待在這裡呢？」我冷不妨地這麼一問，她啞口無言。慢了半拍才會意過來，她變得語無倫次，氣氛變得尷尬。

下一週，她罕見以一臉嚴肅的表情說：「您的話傷害了我。」她覺得我像是在說「妳不能來這裡」。不過，她接著說：「可是，我想過了。我至今從來沒有思考過，為何我們會在一起。」隔了半晌，她痛苦地擠出話來：「我討厭外子。」

她和丈夫是相親結婚。父親決定了對象之後，她便順從地接受。在那之前、之後都是如此。結婚前，升學和就業都是她父親決定；結婚後，新居和養育孩子的方針都是她丈夫決定。而兩人度過餘生的形式也已經決定好了。她過得很幸福。不過，她卻無法自行決定「為何在一起」？她父親和她丈夫都不讓她有機會思考，所以她討厭他們。關於她與父親的幸福記憶之中，也有負面的部分。

後來，心理諮商變成了面對內心的時間，嚴酷且艱辛。她心想「或許我的人生是一片空白」，持續訴說。不過，有一次，她直接問丈夫：「我們為何會在一起？」意外的問題令丈夫不知所措，夫妻關係陷入混亂。各種難題紛至沓來。不過，兩人最終能夠好好地溝通談話。她變得比之前更堅強，她丈夫也是個真誠的人。暴風雨一過去，兩人得以重修舊好。於是，心理諮商這次真的要畫下句點了。在最後幾分鐘，她說，「如果能夠像這樣交談，我覺得今後也想和外子在一起。」

孤零零一個人

我們平常不太會思考內心的事。和樂團夥伴高唱「LOVE YOU ONLY」時，或者在家人的支持下、忙於養育孩子時，總之，被身邊的人的溫情籠罩時，我們會忘記內心的事，照常工作、遊玩、談戀愛。這樣就夠了。

不過，這種環境時常會有裂痕。比方說，孩子獨立，丈夫退休時，內心會產生空白。「我們為何會在一起呢？」這種疑問會掠過腦海。有時也會心生「繼續這樣待在傑尼斯事務所好嗎？」這種疑問。有時，我們在離開家人、組織和團體，也就是離開「眾人」的地方，感到孤零零一個人。此時，我們開始面對自己的內心。「我想做什麼？話說回來，我是怎樣的人？」這種問題會迎面而來。

我為何沉迷於退出傑尼斯事務所的新聞？因為我認為，「內心」就在其中。我遍尋不著的是，長瀨智也的內心。我想像長瀨智也離開TOKIO，孤零零一個人，感受著他的內心。接著，目送他離去，後續，TOKIO的其他成員們改設立新公司，應該也在各自的孤獨中，面對內心。

內心寓於孤獨。因此，我沉迷於感受到孤獨的演藝圈新聞。我認為，我天生注定要吃心理師這行飯。不，不對。你是否也是如此？我們是否預感到電視螢幕中的孤獨內心，所以如此喜歡演藝圈新聞？如同前傑尼斯成員們，我們也是在「一個人」和「眾人」之間來來去去活著。內心，會在兩者之間的須臾片刻現身。

腦內東京都知事與夏季的蝙蝠

今年夏季很特別。並不是高中最後一場地區預賽中輸給敵隊，而在當晚的煙火大會中，碰巧遇見一直單戀的青梅竹馬那種「特別夏季」……。而是，盂蘭盆節之前，東京都知事突然宣告「請避免返鄉和旅行」的「特別夏季」。因此我乖乖地在家寫稿，簡直像羊一樣順從。

只是到了傍晚，我想出門去Renoir。如今正在寫的書陷入泥沼，我想在咖啡店轉換心情。但是，從走出家門的那一瞬間起，冷酷微笑的腦內東京都知事對我說：「這樣稱得上是特別夏季嗎？」即使我連忙在腦中反駁：「我、我量測過體溫了，也有戴口罩，那是特別的Renoir呀！」卻遭到他酸言酸語地回嗆：「哎呀，啊不就好棒棒！如果你真那麼認為的話，那就你說了算。」唉，一副以一知萬的語氣。我被腦內東京都知事監視，只好放棄去Renoir。我好歹想要感受夏季氣氛，決定在有森林的大公園散步。幾對親子轉來轉去，好像在尋找著什麼。在這種市中心，應該也有獨角仙。當我如此一想，一個幼童打了個大噴嚏。他母親趕緊衝過去，嚴厲提醒他戴上口罩。我感受到她的不安。連在傍晚的公園，腦內東京都知事也沒有消失。

瞌睡心理師

年輕時，我在小學擔任諮商員。我的工作是和在教室裡待不下去，來學校諮詢室的孩子們度過一天。

有位個頭矮小的男孩，他之所以無法適應班級，是因為他太認真了。他會到處提醒同學「不可以那麼做」、「老師說過了」，因此和大家格格不入。我想，他的家庭環境複雜，所以有無處宣洩的情緒。

即使在諮詢室，他也很認真。其他孩子隨心所欲地遊玩，唯獨他一味地努力寫完老師指派的題目。因此，我們的對話幾乎都是讀書，或者他希望我去提醒其他的孩子不要偷懶。我也曾試著找他閒聊，但是進展得不順利。他好像認定自己無法去教室，除了寫題目之外，不能做其他事。

有一天，我去上班時，諮詢室裡只有他一人。我心想，這下糟了。如果有其他孩子在，我就能和他們遊玩、聊天，但若是和他兩人相處，就無事可做。我該怎麼消磨一整天的時間才好？

我的預感應驗了。我除了看著他一直淡然地寫著課本題目之外，完全無事可做。不知不覺間，我快睡著了。我數度起身去洗把臉。我拿撲克牌給男孩，但是他不理會我。我勉強撐過上午，吃完營養午餐的咖哩飯後，我的忍耐到了極限。我看著他努力寫下午題目的背影，昏睡……過去了……「老師！你在睡覺吧?!」我被男孩的聲音叫醒。「不，我沒睡。」我立刻打馬虎眼說：「我試著假裝睡著啦。」他情緒激動地高聲回我：「騙人！你剛才一定在睡覺！明明是老師，怎麼可以睡覺。我要去告訴校長！」他便跑向教職員辦公室。

後來好慘。校長笑著原諒我，但是男孩逢人就講：「這位老師在工作時睡覺，而且他還說謊耶。」我的惡行不僅孩子和教師，竟然連家長們都知道了。我羞愧得無地自容，真想一頭撞死。

不過，後來過一陣子，他稍微改變了。他開始在寫題目之間，和大家閒聊。他會講瞌睡事件，惹周遭的人笑。而且，他竟然在努力寫題目時打起瞌睡來。他的某顆螺絲鬆了。這使得他能夠和別人相處在一起。他的人際關逐漸擴大，半年後，他能夠回到原本的教室了。我時常在走廊上遇見他，他會開心地跑過來說：「你頭髮睡亂了，剛才又在睡覺吼？」露出一口白牙，大笑出聲。

心中的取締者

我們之所以取締別人，是因為在心中被自己取締。那個男孩到處提醒同學，其實是因為他一直在提醒著自己。因此，儘管我在工作時假裝睡覺（！），還是正常地繼續工作，對他而言，應該是一種全新的體驗。我想，那促使他開始容忍不認真的同學，也容忍自己不認真的部分。若不容許不完美，我們就無法和別人相處在一起。

就這個層面來說，我們如今正在度過一段艱難的時期。只是身體狀況稍微變差，內心就會感到不安，只是忘記戴口罩外出，就會不自覺慌張。照理說應該充滿歡樂氣氛的暑假公園，僅是打一個噴嚏就令人緊張起來。因為所有人都讓自己內心的東京都知事、保健所人員和警察四處巡邏。

因此，我想讓所有人都知道，最好能夠放鬆一點。自己和周遭的人寬容一些，肯定比較好。儘管如此，面對病毒無所不在這個嚴肅的現實，我們的確嚇呆了。總覺得最好還是不要停止自己心中的取締行為。該怎麼辦才好？連心理師也不知道。

當我正在思考，耳邊響起「在那裡！牠在飛！」孩子們指著空中叫道。「真的！」連父母們也情緒亢奮。我順著手指的方向望去，看見夏末的黃昏中，展翅高飛的黑影。那不是獨角仙，也不是鳥，「是蝙蝠！」孩子們亂噴唾沫地叫道。我也亢奮了起來。我的天啊，市中心的公園裡，居然有蝙蝠在飛！

唉，夏季已到尾聲。有一說是，蝙蝠帶來了病毒，但假如是蝙蝠帶來的，真希望牠帶回去。可是，當然不會發生那種事，蝙蝠只會帶走「特別夏季」。我嘲笑著文學魂大爆發的自己，拿起手機連拍了好幾張天空。

計程車裡的天方夜譚

我是一名心理師，專聽別人說話維生，但是平常大多像是長了一對馬耳。即使出席會議，在座教授充滿叡智的意見在我聽來，全部都像在唸經。於是，忍不住產生感恩的心，在祈禱往生的祖父成佛的過程中，會議結束了。這就是別人在背後叫我馬耳東畑的原因。

我平常總會辯解：「如同說話像機關槍，以妙語如珠為賣點的脫口秀演員，待在後台休息室卻沉默寡言，專家就是那種感覺。」但是我從沒看過其他心理師在會議中緬懷故人，所以這或許是歪理。

話雖如此，我的馬耳只有一個例外。那就是計程車。尤其是搭乘深夜的計程車時，我的馬耳會變成小飛象大耳。因為司機的話題很有趣，像是乘客不願付車資而引發糾紛、醉漢在車內嘔吐，或者保護離家出走的少女。在計程車這個密閉空間中，發生了各種事件。計程車司機們會一五一十地把那些話題講得滑稽有趣、天花亂墜，令人聽得津津有味。我的心情就像是那位讓莎赫札德講了一千零一夜故事的國王。

鬼魂與金錢

我愛死了怪談。我的習慣是搭上計程車，告知司機目的地之後，緊接著問：「不好意思，有沒有鬼故事？」我想必露出了猥瑣的表情。

基於我的經驗，能否順利聽到怪談跟你在哪些地區有差別。若是東京的計程車，大多數情況下，司機都會露出詫異的表情，「蛤～？」結果讓氣氛變糟。那種時候，我會先鳴金收兵，聊一聊天氣或景氣的話題，蒙混過去。然後，等場子熱一點之後，再度挑戰：「對了，有沒有什麼鬼故事？」結果，偶爾會有司機難以啟齒地娓娓道出令人瞳孔放大的鬼故事，但是其他幾乎都會用一句「沒有那種東西」打發，一盆冷水當頭淋下。有時候，內容是被暴跳如雷的醉漢纏上，那是「真的很恐怖的故事」，而非怪談。東京的夜晚太過明亮，或許不是鬼魂居住的地方。

就這一點而言，沖繩很精彩。不少司機會說：「有啊，另一個世界的故事，對吧？」接著開始與我分享。例如，乘客應該有上車，但是回頭一看，後座沒有乘客這種比較基本的鬼故事；還有，在絕對沒人的地方，有個身穿白衣的人舉起手來，結果環顧四周居然都是墳墓。或者，赫然回神，後座放著一具貓的屍體，聽起來簡直莫名其妙。沖繩的司機會接二連三地說出令人毛骨悚然、驚聲尖叫的鬼故事，藉以娛樂乘客。沖繩的夜晚幽暗，鬼魂徘徊。

那麼，相較之下東京司機的故事是否索然無味？其實完全沒那回事。確實，鬼魂的話題在東京炒熱不了氣氛。相對地，與金錢相關的話題則異常火熱。東京的司機經常訴說著關於賺錢的故事。

從東京載乘客到九州，大賺一筆的內容，就像是喜迎福神的現代民間故事；若是聽到在哪個地區、哪個時間、如何跑計程車就能賺大錢的內容，我的心情則彷彿聽著創投企業CEO的想法。厲害的是，聽到「開計車程賺太多，我的年金就有可能被削減，所以減少工作時間，用多餘的錢上酒館才是無上的喜悅」，我會覺得人生真美好。

鐵定受歡迎的話題是，胼手胝足奮鬥到獨立成立個人車行的故事。為了儲存資金，讓前輩轉讓權利，向前輩獻媚，拚命遵守道路交通法。一一處理各種問題和困難，終於獲得核准成為個人車行。司機爽朗地說：「自由真好喲，雖然非常辛苦，但是可以獨立太棒了。」他看起來像是完成偉大旅程的英雄，儼然是奧德賽。而他的故事就是一部史詩。

故事是傷痕

我在深夜的計程車聽到各種話題，稍微明白故事這種東西是從哪裡來。比方說，沖繩的司機們在說完高潮迭起的怪談之後，一定會補上一句「因為那一帶死了一堆人」。沒錯，有鬼魂出沒的購物中心、國道、人工電照的菊花田，從前都曾是戰地。在那裡，曾爆發槍林彈雨、死傷慘重的沖繩島戰役，也是集體自殺之地。土地有受傷的記憶，那會產生靈異故事。

在東京，司機也說得出一樣悲慘的事。他們滑稽有趣地訴說金錢相關的故事時，其背景迴盪著城市若不持續賺錢就活不下去的痛苦吶喊。而為了生存，被迫忍耐各種不合理的事，在他們的記憶中盤旋。

故事以傷痕為核心誕生。日常的心理諮商也是如此。客戶訴說的是還不算故事的內容。那仍是新傷，隱隱作痛，所以沒有成為故事。唯獨核心裸露，斷斷續續的內容七零八落。不過，一而再、再而三地重覆訴說它。從不同的角度，或以不同的脈絡，描述同一件事。於是，零碎的內容慢慢串連起來，變成完整的故事。這時，新傷結成瘡痂，覆蓋薄薄的皮膚。說故事是一種以柔韌的皮膚，包覆傷口的行為。因此，故事在本質上是傷痕。

計程車裡的天方夜譚。在深夜的街頭，這群開著計程車的莎赫札德們就是表演者。他們的故事好笑、駭人、感人。當我下車要離開之前，他們會有些難為情地說：「抱歉，讓你聽到這種內容。」我道謝：「不會，我聽到了很棒的內容。」於是，司機經常替我去掉車資的零頭，十圓或二十圓。那種小金額讓我想起我的工作本質，若是說故事本身有價值，聽故事就具有意義。

殺死尼古丁黑猩猩——尼古丁貼片出現篇

一份以「尼古丁黑猩猩也想學人類禁菸」這段文字為開場白的Word文件從電腦深處跑出來。檔案名稱是「戒菸日記」。這是幾年前的東西呢？好懷念。從前，有一年秋季，我曾努力要戒菸。

說起來，我開始抽菸是在大學時代。原因是同社團有一位型男，抽起菸來很帥氣。我心想，如果叼著香菸，或許我也能變成型男吧？但結果我只是變成尼古丁黑猩猩（哎呀，這就是人生啊）！不管去哪裡，我都會先確認吸菸區在哪裡，如果找到了吸菸區，管他颳颱風、下大雨，我都會渾身濕透地抽菸。如果抽太多菸導致心情不美麗，為了改變心情，我就會想抽更多菸。內心的黑猩猩想要攝取尼古丁，開始操縱我。唉～我的自由意志消失去哪兒了？我感到羞愧，但是壓根沒有想要戒菸。因為內心的黑猩猩徹底控制我，不給我思考這種事的餘力。我的自由意志被尼古丁黑猩猩控股公司收購，成為旗下的基層子公司。

不過，有一個改變人生的邂逅。那是我出席在某山莊舉辦的面具舞會時的事（我說謊，其實是在有樂町的學術類會議）。我和一名專業是戒菸治療的知名女醫師相識。那個邂逅始於她怒斥：「菸味好臭！請你離我三公尺遠！」二十分鐘後，我便下定決心戒菸。因為戒菸師傅對我說：「你要使用尼古丁貼片，然後寫日記。我看你的眼睛就知道，你肯定能把菸戒掉。」就這樣，我開始以我的自由意志，殺死尼古丁黑猩猩。接下來，我想要獻上那段苦戰的記錄。

戒菸日記（摘錄）

9月21日

戒菸第三天，我已經想要破戒抽菸算了，但是腦海中浮現師傅的臉，忍住不抽。可是，好想抽菸啊！不行，為了轉換心情，我前往Denny's（譯註：日本的美式連鎖家庭餐廳）。我當然是坐禁菸席。空氣清新真好。儘管如此，二手煙還是會從吸菸席飄過來。……好香。去聞一聞好了。不行不行，我揉一揉尼古丁貼片，從皮膚吸收尼古丁。唉～好想抽菸。當我如此心想，人生的其他煩惱全都煙消雲散。抽或不抽，這是一個問題。假如哈姆雷特也戒菸，或許他就不用多想那些有的沒的了。

9月22日

或許稍微習慣了。有時候不會想要抽菸了。我有一個偉大的發現。貼著尼古丁貼片在戶外深呼吸，心情就會跟抽菸時一樣。尼古丁黑猩猩只要有攝取尼古丁，就會變得乖乖的。

9月25日

想抽菸的心情幾乎消失了。這就是自由嗎？我有多久沒將香菸拋諸腦後生活了呢？一切如同戒菸師傅所說。她可真厲害。說到這個，尼古丁貼片撕下之後，真不是普通臭。受不了。尼古丁黑猩猩也真蠢啊，居然迷戀這麼臭的東西。好！我決定了，我也要告別尼古丁貼片。這是和尼古丁的最終決戰。距離獨立紀念日就剩最後一哩路。

9月27日

我想鬧著玩地吸一吸二手煙，便靠近車站的吸菸區，我的教授同事正在那裡抽菸。我心想「可憐的黑猩猩啊～」訴說香菸對身體有多不好，訓斥了他一頓，結果他給了我一根菸。人間美味。真幸福。

9月29月

唉，想抽菸想得要命。話說回來，戒菸是指沒有抽菸的狀態吧。沒辦法邊抽菸邊戒菸嗎？師傅的戒菸概念未免太雞腸鳥肚了吧。我心想「這可是後現代主義喲，該具備更廣泛的多樣性才對吧」，不知為何，我去買了一包菸。真香。又抽了三根之後，我重新開始戒菸。

10月3日

我成功地重新戒菸。已經三天沒抽了。好舒服的早晨。昨晚的聚餐中，惡魔的爪牙也勸我抽菸，但是我拒絕了。我再也不會被尼古丁黑猩猩欺騙。那傢伙滿口詭辯，但終究都是在說「好想抽菸」。我今天也不貼尼古丁貼片了。完全脫離尼古丁。哎呀，最終解脫。堅定不移的決心。

現在下午一點。我接了一個麻煩的工作，超級想抽菸。糟糕。頭好暈。我想抽菸。我傳簡訊給師傅，她回覆我：「你給我忍耐十分鐘！」不愧是師傅。尼古丁黑猩猩會興風作浪，想抽菸的念頭波濤洶湧，但這份痛苦絕對可以挺過去。我認為，確實是這樣沒錯。可是，假如挺不過去的話……。

欸……我買了一包菸。我在大雨中，去了便利商店。不，買了歸買了，但是我未必會抽。我不會抽，只是看著菸盒過乾癮。不，且慢。我買了一包菸，豈不是代表我滿心想抽？我是否只是假裝在猶豫？抽就抽，有什麼關係。不，我絕對不能抽。抽了就是人渣。

深吸一口～～～～！我抽了！香斃了！這什麼玩意兒?!未免太香了吧?!

罪惡感湧上。我在搞什麼鬼?!戒菸師傅傳來簡訊問：「挺過了沒？」我無法回覆這個問題。我是人渣。我已經不是人，只是尼古丁黑猩猩。簡訊又來了。師傅問：「你抽了吧？」是啊，我抽了。這種話我說不出口。我辜負了師傅的期待。好想一頭撞死。越是這麼想，我越想抽菸，又抽了菸。嗚呼，這個日記本身就是欺騙。寫日記的人不是基於自由意志，而是任由尼古丁黑猩猩擺布的傀儡。我到底在做什麼？太過淒慘，我忍不住哭了。這時，師傅再度傳來簡訊：「你一定抽了吧，明天來看我的門診。還有戒必適（Champix）可用。」戒必適？那是啥？

寫到這裡，篇幅用罄，未完待續，敬請期待「殺死尼古丁黑猩猩」後篇。

殺死尼古丁黑猩猩——改服「戒必適」篇

前情提要。我使用尼古丁貼片但戒菸失敗，快要喪失身為人類的尊嚴。對我伸出援手的是戒菸師傅。她說要開立「戒必適」這種世上亦屬不可思議的祕藥給我。究竟它的效果如何?!而戒菸是否能夠順利圓滿成功?!各位看倌，請繼續收看戒菸日記。

戒菸日記後續（摘錄）

10月4日

戒必適是避免大腦吸收尼古丁的神藥。聽說就算想抽菸，也不會覺得「好香！」而且藥物生效之前有一段時間，剛開始的一週似乎抽菸也無妨。師傅挖苦我「反正你一定會抽的啊」，令我內心感到受傷，但是能夠毫無顧慮地抽菸，真令人開心。

10月9日

香菸抽起來跟以前一樣香。我心想「戒必適一點用也沒有」！但是到了下午，味道漸漸變淡了，口中殘留下噁心的感覺。戒必適真神奇！如此一來，從後天起，終於能夠完成戒菸。我要展開嶄新的人生。尼古丁黑猩猩，永別了～！

10月15日

我想抽菸。拜戒必適之賜，痛苦緩減，但是超想抽菸。怪哉。我上網爬文，好像是因為沒有尼古丁，所以大腦缺少多巴胺。也就是說，靠自己產生多巴胺就行了吧？於是，我試著大聲呼喊。啊～～～～！或許稍微產生了多巴胺。唉，好想抽菸。

10月18日

顛覆人類歷史的大發現。昨天的聚餐中，同事給我香菸，我抽了一口後，味道糟透了！好像施敏打硬（Cemedine，合成樹脂接著劑）的味道。我真的大吃一驚。宇多田光的〈First Love〉開頭第一句歌詞是「最後的吻有香菸的味道」，如果她當時有服用戒必適，應該就會變成「有施敏打硬味道的吻」。苦澀的接著劑香味。

不過話說回來，如果光是服藥，之前美味的東西就會變得難吃，知覺是什麼玩意兒?!難道愛和記憶全都是大腦的錯覺嗎？我傳簡訊給戒菸師傅說「真恐怖」，馬上收到回覆的簡訊，她說：「你抽了吧？」

10月20日

好久沒來看戒菸門診。量測吐氣之後，一氧化碳濃度變成了「3」ppm。一開始有50以上，被分類為「危險等級的長期吸菸者」，但是如今被分類為「非吸菸者」。成果顯著，我嗨翻天。可是，戒菸師傅挖苦我：「你很奇怪。一天到晚找理由抽菸。」我明明這麼努力，還被挖苦……好傷心……好想抽菸。尼古丁黑猩猩一旦變得孤獨，就會想抽菸。欸，遲早有機會。今晚有聚餐，說不定誰會給我一根。

10月27日

日記變成了週記。我要坦白這段期間發生的事。在聚餐中向人討菸變成了習慣，變成了危險的惡習。各位吸菸者對於讓人戒菸失敗，好像會感到無上的喜悅，所有人都痛快地賞我香菸。我覺得他們如同惡魔。

不過，昨天遇見的是真正的惡魔。他是我大學學弟——竹竿弟。我明明公開說了我正在戒菸，竹竿弟卻始終沒有要給我香菸的動靜，心情愉悅地抽著菸。

我感到奇怪，問他：「你不想給正在戒菸的人一根菸嗎？」

竹竿弟說：「我是想給啊。不過，要是我尊敬的馬耳哥因為戒菸失敗而早死的話，我會後悔得要命。」他露出一副勝利的踐臉。

我試著挑釁反擊：「謝謝你喲，我絕對會戒菸成功給你看，你也開始戒菸比較好啦。」

但他還是毫無遞菸給我的預兆。我束手無策，不爽地死盯著竹竿弟的香菸。

他咧嘴一笑，浮現下賤的笑容說著：「硬逼你抽菸，我會有罪惡感。不過，如果你無論如何都想抽，我的罪惡感就會消失喲。」

真是個惡魔！居然讓正在戒菸的我想要來一根。我有可能說得出那種話嗎？但是不知為何，我的嘴巴擅自動了起來：「能不能給我一根菸？」

「咦？你剛剛說話了嗎？」竹竿弟殘酷地假裝沒聽見。

「我想抽菸。請給我一根。」

「這是馬耳哥的個人意志嗎？」

我已經擋不住自己的嘴：「是的，是我的自由意志。」

或許是要我要過癮了，惡魔給了我一根菸。我一點火，明明一開始是接著劑的味道，但是再抽一根之後，接著劑的味道變淡，抽到第五根，變成了最後的吻的香味。猛然回神，那一晚，我抽了整整一包菸。

唉……戒菸師傅，這就是我從妳面前消失無蹤的原因。我的內心被惡魔的一句話給粉碎了。因此，我也打算要終止這個日記，到此為止吧。

不過，請勿憎恨竹竿弟。我很感謝他。因為我終於能夠意識到自己真正的心情。我並不想殺死尼古丁黑猩猩，而是想要與他共存。幸福無法建立在憎恨某人、以及某人的屍體之上。我們需要的不是互相傷害，而是相愛。這是我學習到的事。

如今，我和尼古丁黑猩猩一起到來海邊的小鎮。我只想告訴師傅，我將紙捲菸換成了電子菸，這是我起碼的贖罪。面向大海吐煙，煙融入白色海浪中。於是，這令我想起我就像煙一樣，從師傅的面前消失蹤影，內心感到難受。請原諒我的失禮，並請您千萬不要懷疑我對師傅的感謝。真的謝謝您，尼古丁黑猩猩也這麼說。（全文完）

*

這次的稿件是一個挑戰作品，試圖穿插「依賴症的背後存在孤獨」這種心理健康層面的見解，創造超現實主義的日記文學，但是非吸菸者的朋友們讀了之後都說「一點也不有趣」。靠……空虛寂寞覺得冷……我想抽菸。

秋季

凌晨四點的話語

從前的指導教授成天把「『忙』這個字寫作『心亡』！」這句話掛在嘴邊。那位大學教授感覺真的很忙，總是拄著拐杖，匆匆忙忙地在校園走來走去。我有一次在廁所碰見他時，他一面以光速解手，一面滔滔不絕地說榮格怎樣又怎樣，最後忘了帶拐杖走出廁所，我和同學看了大笑。居然連拐杖也忘記，心亡也該適可而止。

不過，之所以能夠嘲笑忙得暈頭轉向的大學教授，是因為我當時的身分是時間太多的學生。到了中年，忝為大學業界的一份子，深感內心是多麼輕易就會陣亡。我手中緊握的不是拐杖，而是手機，像個陀螺似地授課、會議、再授課……忙碌地轉個不停。像打桌球一樣，持續回擊飛過來的事情。上廁所、吃午餐都是以光速解決。甚至覺得自己只是以反射神經所製成的一種生物。

不過，如此忙碌的中年人也有和照理說已陣亡的內心重逢的瞬間。午夜夢迴，「靈魂出竅的凌晨四點」——既非夜晚，也非早晨，已經不是昨日但是今天尚未來臨。我像蛞蝓一樣爬去廁所，再鑽回到被窩想睡回籠覺。然而，卻睡不著。話語開始在腦海中不斷打轉。浮現平常避免思考的事，停留許久。一旦旭日東升，晨光照進室內，這些凌晨四點的話語就會灰飛煙滅。反射神經的世界展開之後，什麼都想不起來了。

演獨角戲的男人

一位胸膛厚實的強壯男性，年約四十五、六歲，正值壯年。他經營的所有創投企業都順利成長，身邊有許多朋友圍繞，家庭也很圓滿。他熱中於上健身房，鍛鍊肌肉。他的人生看起來完美無缺。不過，他卻抱怨：「我一路走來自欺欺人，總覺得自己很憂鬱。」

我詳細聽他訴說，他精力充沛的生活中，憂鬱情緒忽隱忽現。一天當中，他會有一、兩小時，腦袋變得不靈光，什麼也無法思考；嚴重的時期會長達數日，無法動彈。這種時候，他會告訴家人和員工「不用管我，我過幾天就好了」，關在自己的房間，斷絕所有外界聯絡。

「這種情況最近變得嚴重」，他訴說的語氣極為清晰，令我印象深刻。明明內容是關於連他自己也不太清楚的痛苦，但是他條理分明地訴說著自己的狀態和內心的機制。簡直像在簡報商務貿易的提案。

開始心理諮商之後，他談論著針對經營、合夥、育兒、社交，以及健身等所有事情，他如何擬定綿密的策略，並達成目標。因此，他說他應該也能克服憂鬱。他的語氣清晰且幽默。儘管如此，我覺得他訴說的話語令人感到非常空虛。因為那是他一個人思考，一個人做出結論的獨角戲。我就像個觀眾，看著他所拍攝的健身影片。結果，他的清晰話語傳遞給我的訊息只有「我自己全部都知道」。他好像對於能夠如此訴說的面談，感到心滿意足，可是忽隱忽現的憂鬱情緒沒有變好的跡象。我覺得他走進了死胡同。

不過，有一次他談論了關於夢的事。「我被關進健身房的置物櫃，想吶喊也喊不出聲音。」雖說是夢中，但是他罕見地能訴說著自己的痛苦。「你想吶喊出什麼呢？」他無法立刻回答，啞口無言。這對於口條清晰的他也很罕見。接著，他非常難為情地低吟道：「……

我不知道。」

我想，其實他應該想吶喊的是「救救我」。不過，他無法傳達這一點。因為我從他的「我不知道」這句話，感覺到了血淋淋的呼喊。他思路清晰且「看透一切」，所以被「我不知道」的痛苦襲擊時，無法向誰求助，只能關在自己的房間。不，如同在夢中被關進健身房的置物櫃，實際上，他被囚禁了。他把自己關起來了。這樣的他說「我不知道」。聽在我的耳裡，那是他發自內心的真心話。

後來，和他的面談稍微改變了。他停止演獨角戲，沉默的時間變多了。他能夠在不知道的事物面前，放慢速度。因此，我們能夠針對他心中不知道的部分討論。於是，下一次憂鬱找上門時，他開始能夠向家人求救，對他們說：「我不知道該怎麼辦才好。」

宛如乾冰的內心

我認為忙碌時，心並沒有陣亡，只是迷失了而已。我只靠反射神經生活時，內心也在我心底深處，悄悄地持續喘息。就像是放在冷凍庫內側，被人忘了它的存在的乾冰一樣。

重要的是，如同乾冰是讓二氧化碳凝結的固態，尚未成形的話語累積於內心，凝固得硬梆梆。睡眠會稍微融化它。那位男性只有進入夢中，厚實的肌肉才會放鬆，明晰的思緒才會出現破綻。或者跟我一樣，唯獨半夢半醒之間，靈魂出竅的凌晨四點，我才能聽見心中的話語喀噠作響。一到早上，它們就會被日常的聲音所掩蓋。

因此，需要的是將乾冰泡水。三不五時那麼做即可。於是，應該會嗶嗶波波地冒出小氣泡。這時，水是他人，氣泡是話語。在心中凝固的話語和他人交會，兩者開始成形。比方說，先獲得「我不知道」這種形式，再修整成「救救我」這種形式。話語，是在自己和他人的兩顆心交流下成長的。

靈魂出竅的凌晨四點是忙碌瞬間停止，與內心重逢的時間。這種時刻，我們會意識到話語正在尋求他人，停下腳步。然後，意識到自己想要和某個人好好說說話。

閒聊讚歌

長達半年的封鎖解禁，大學終於恢復實體上課。上半個學期關在家裡，一直在 YouTube 直播課程影片，下半個學期非去教室不可。我習慣線上授課，整個人鬆懈到不行，悲嘆「我絕對沒辦法每天搭電車」，但是相對地，其實我也有些期待。

因為我受夠為了製作影片，對著電腦自言自語的生活。最好的授課方式，果然是學生能在眼前，我一說話，他們就會有某種反應。當然，有令人開心的反應，也有令人難過的反應。學生上一秒鐘心領神會地點頭，下一秒鐘就百無聊賴地滑手機。才剛被我的玩笑話逗得哈哈大笑，坐在第一排的學生旋即趴在桌上睡死。有一次，我講個不停，學生像是骨牌似地接連趴下睡著，只剩我一個人醒著，心痛到厭世。心情像是在對著黑洞講課，真想就那樣被吸入黑洞消失掉算了。

儘管如此，說無聊的事時，有「好無聊」這種反應是很棒的事。可以讓我知道停止再說那件事（雖然內心會受重傷）。如此一來，我會偏離事先準備好的教科書內容，尋找適合那一天、那一堂課學生的話題。而且如果順利的話，能夠使用時事哏，展開心理學的「閒聊」。這很有趣。回想自己還是學生的時候，教授認真授課的內容也會被吸入黑洞，消失得無影無蹤，唯獨沒營養的閒聊留在記憶中。小情節具有理論所沒有的高深力量。我認為，閒聊正是大學的精華。

指南警察

我樂天地如此心想，但實際恢復實體授課時，我的媽媽咪啊！幾千名學生聚集於校園，所以必須澈底預防疫情感染。為了做到這一點，大學制定嚴格的指南。除了教室的通風之外，座位要間隔一個空位，萬一出現確診者時，為了框列密切接觸者，要記錄下誰坐在哪裡。確認是否戴了口罩、是否量測體溫和雙手消毒之後，再消毒自己使用的麥克風和電腦，如此總算才能開始授課。唉，指南充滿著嚴密戒備的態勢。

雖然知道這麼做是為了降低感染風險，確保安全，但是對自己和學生一一檢查是否按照指南行動，心情彷彿自己變成了警官。

對於指南警察而言，閒聊該舉發。原本站在走廊上閒聊、在教室內竊竊私語或者在餐廳聊天，照理說都是學生生活中最歡樂的部分，但是換成警察的觀點，那些看起來都是提升感染風險，完全不必要的事物。指南中，沒有可以閒聊的場所。就跟課綱中沒有閒聊時事哏的餘地一樣。

閒聊是在三密的不透明混亂中產生、發展。而如今，那種東西必須被監視、管理、清潔。預防感染即是預防閒聊。不過，大學原本就是閒聊猖獗的不潔場所。也就是說，我認為唯有能夠偏離指南和課綱，才是大學的魅力。

這麼想很複雜，但是我能夠理解確保安全最重要。因此，下半個學期只好以身為指南警察而努力。老實說，我很憂鬱。

龐克時髦又激進

下半個學期的第一個工作是慶祝入學的集會。因為四月沒有入學儀式，所以趁這個機會，聚集所有新生，由校長發表賀詞給大家。

那一天，是指南警察總動員的嚴密戒備態勢。教職員全體出動，為了貫徹消毒和社交距離、防止人群聚集，都在走廊上引導著大家。校園廣播也一再覆誦「讓我們一同預防感染」，儼然是戰爭時期。

集會肅穆地進行。學生們沒有竊竊私語，臉上的口罩戴好戴滿，乖乖地聽著校長的話。安靜得令人發毛。不過，感覺能夠毫無混亂地順利結束，燃起警察魂的我們也鬆了一口氣。司儀宣布「集會到此結束，請遵從引導放學」之後，學生們井然有序地退出禮堂。

然而，突然響起「啊～！」的尖叫聲。我心想「搞什麼，怎麼了？」往學生的方向望去，有個女孩緊緊抱住另一位女孩。「原來妳長這樣！超可愛！我好想妳！」被抱住的女孩也開心地蹦蹦跳跳。「我也超想妳！」騷動從那裡蔓延開來，閒聊聲紛紛四起。她們這半年沒有直接見過面，但是透過社群網站連結，對於終於見到彼此感到興奮極了，吵得像菜市場一樣。她們握手、擁抱、大聲笑。口水飛沫在口罩底下閃閃發亮。

指南警察目瞪口呆，佇立原地。少女們對於重逢感到喜不自勝，怎麼可能對她們說出「防止密切接觸、保持社交距離！」這種話。只能站在一旁看著。於是，身旁的教授嘀咕了一句「密切接觸，太棒了喲」。真的是棒透了。女大學生們龐克時髦又激進。誰鳥你什麼指南啊！

閒聊回到大學這邊。指南的監視再怎麼嚴格，只要人和人待在同一個空間，就會興高采烈地閒聊。在指南管不到的地方，就會閒聊到歡天喜地。這大概不僅限於大學。人有時害怕、討厭別人，但人終究是群居的動物，總是需要別人，需要活生生的人在眼前。光是如此，就會沒來由地開心起來。我想，那就是我們人類。

我立刻在課堂上講了這段內容，學生們相當棒場，我很開心。而改寫這種閒聊之後，本連載的稿子就完成。閒聊真是棒透了。因此，我愛閒聊讚歌。

妒羨、妒恨與背後說壞話

發生了一件非常悲傷的事。我光是想起來都會心痛。因此，我也不想在這裡寫出來。請別多問!……不，對不起。不是這樣的。其實我想要抱怨一下，想發洩這份悲傷而開始寫的，但是忍不住逞強。

有人在背後說我壞話。是好久不見的朋友對我說：「對了，這件事很過分。前一陣子，我和××他們聊天，××說馬耳是〇〇。」我當下回應：「畢竟言論自由是民主主義國家的基本，」佯裝平靜，內心其實深受打擊。那一晚，我心想「唉~反正我是〇〇」，哭著入睡，早上起床還是自虐地覺得，「早安，〇〇的我」。如今，我的傷痕未癒，無法寫出〇〇這兩個字。

被人背後說壞話，有夠難受。若是知道有人在世界的某個地方說著自己的壞話，總覺得全世界的所有人都在背後說自己壞話。結果連是誰都不知道，覺得這傢伙、那傢伙，其實所有人都是敵人。如此一想，越來越火大。他懂個屁……開什麼玩笑……我一定要報復！內心的半澤直樹火冒三丈。結果，如今這個時候，我到處對身邊的人說××他們的壞話。

背後說別人壞話很愉快，超讚！若是我說出「那傢伙是人渣」，身邊的人附和「沒錯，那傢伙沒救了」，心裡就會覺得我讓全世界的所有人都站在我這一邊，將××他們逼上了懸崖。這的確很爽快，但是有問題。可能有人會背叛我，向××他們告密說「馬耳在背後說你們壞話喲」。於是，××他們肯定會說「馬耳這個人果然是○○」。憎恨的連鎖效應沒完沒了。

不行。明明地球正因暖化而面臨重大危機，現在不是地球人互相傷害的時候了。如今的地球需要的是愛與和平。必須停止在背後還擊他人的壞話。

都是妒恨惹的禍吧

我認為最需要的，是當我們被人從背後說壞話時，有什麼銅牆鐵壁般的防禦方法。因為每次都會受傷，所以想要報復。因此，我想提議的祕密絕招是，「都是妒恨惹的禍吧」。當你被人從背後說壞話時，認定「都是妒恨惹的禍吧」，傷害就會降到最小。我認為，這是最強的後盾，但是要學會這個祕密絕招，必須澈底理解「妒羨」和「妒恨」的差異。

妒羨和妒恨都是意謂著「嫉妒」的字眼，世人大概覺得它們幾乎同義，但是也能區別它們。比方說，假如我對帥哥朋友抱持：「他不但人長得帥氣，居然連個性都好，超火大！」這種想法，那是妒羨。相對地，假如我對帥哥朋友說出口的想法是：「那傢伙仔細一看，人長得醜，個性又差。」我就置身於妒恨之中。

簡單來說，妒羨是認同對方有優點，而妒恨則是否認。妒恨帥哥是指：因為太過羨慕，所以將對方貶為醜八怪。見不得別人好，因此破壞了覺得「好」的這個心情本身。就這個層面來說，我認為妒羨是比妒恨更健康的情緒。因為妒羨他人之際，或許自己長相無法變帥，但是起碼想要改善個性；不過，當你妒恨時，只是貶低帥哥，獲得一時爽快就結束。

「都是妒恨惹的禍吧」，這句話之所以是對付背後說壞話的最強的後盾，就是基於這個理由。縱然別人說你是○○，如果那是妒恨使然，就代表我其實不是○○。不，不僅如此。「都是妒恨惹的禍吧」也是最強的矛。如果因妒恨而扭曲現實的話，××他們就是人渣。寫到這裡，我又火大了起來。那些傢伙果然是人渣。各位也這麼想吧？

別人不理解自己

唉～不行，這可不行。「都是妒恨惹的禍吧」該是終極武器。一旦發動，開始將凡事推諉給妒恨，赫然回神，變成了背後互揭瘡疤。妒恨會呼喚妒恨。這是很恐怖的事。

如此一來，果然只好真誠地接受自己是○○，並且反省對吧？哎呀～可是，那也很痛苦。「明明我也很努力在生活，為什麼別人不懂我？」內心勢必會這麼想吧。

沒錯。別人不理解自己。我想，這就是背後說壞話最痛苦之處。而背後說壞話是在遠方低聲說三道四。不清楚彼此的隱情，因此能夠輕易地說出無情的話。那也是無可奈何的事。

又不能逐一寫信或傳簡訊報告近況，而且也沒辦法在社群網站寫下「我每天這樣生活」的內容。我想，「別人不理解自己」是我們人生的預設。所有人都抱持著這種孤獨生活，但是平常身邊有少數感情比較好的人，所以能夠忘記這種孤獨。背後說壞話，會使那種孤獨被看得見。

倘若如此，若要停止還擊別人說的壞話，只能讓別人了解自己。該讓別人了解自己的什麼才好呢？我想，首選就是因背後說壞話而受傷這件事吧。若是疼痛時能夠傳達疼痛，距離就會瞬間拉近，對方也會想起自己是人。話雖如此，越受傷時越無法坦然說出「好痛」也是人性，這就是痛苦之處。

儘管如此，我這次試著寫了「好痛」。於是，寫的過程中，我想起來了。先開始在背後說別人壞話的是我。幾年前的學會，我在晚上的聚會中喝醉了，滿心妒恨，將人長得帥、個性又好的××貶得一文不值。天啊～我怎麼會蠢成這樣?!我就是○○嘛！唉，我已經無法當面致歉，說句「非常抱歉」，所以借這個地方謝罪。真的對不起。

錢能搞定的事，都是小事

有一句我永生難忘的名言。十五年前一個下雪的夜晚，在京都先斗町的小巷，一位資深前輩隨著深深的嘆息，吐出一句話。

當時，我還是研究生，那位前輩差不多正好是我現在的年齡。我幫忙他處理他手上的麻煩雜事，他則請我吃高級烤肉致謝。在那之前，我只吃過二千日圓吃到飽的烤肉，他請我吃一盤二千日圓的和牛，我打從靈魂深處感動不已。我願意終其一生，替這位前輩打雜。我心懷這種百感交集的心情，說：「多謝您的款待！」低頭致謝時，前輩仰望即將下雪的天空，低喃道，「我說，馬耳啊，」他吐出白色的氣息：「錢能搞定的事，都是小事。」

嗚呼，酷～。若是臨終時會看見人生的跑馬燈，這是絕對不能剪掉，希望會播放的名場景。

小林善紀的名作《烏龍少爺》中，有一句台詞是「錢能搞定的事，就用錢解決」，這算是一句令人感覺到人生深淵的名言，但是前輩的那句話更加苦澀，沁入心脾。他可能有著錢搞不定的複雜狀況，才醞釀出一股氛圍。事實上我事後才得知，前輩當時正在調解離婚。那個美味的霜降和牛吃在前輩嘴裡，不知是何種複雜的滋味。

我認為，金錢具有驅動人的力量。只要付錢，就能請別人做自己必須做的事。如同我欣然用麻煩的雜事交換烤肉，有錢能使鬼推磨。但是，人當然也有金錢驅動不了的部分。

價值九十萬日圓的傷痛

一名四十歲出頭的男性之所以來接受心理諮商，是因為妻子外遇。他發現之後前來面談，精神狀態異常。他對於紅杏出牆的妻子感到幻滅，對於她的外遇對象（也是他的朋友）感到強烈憤怒，兩種情緒輪番出現，我以為他會放聲大哭，但是他雙眼布滿血絲，淒慘地誓言報復。遭到信賴的他人背叛，粉碎了他的心。

他說：「我害怕這樣的自己會引發什麼命案。」由於他精神混亂到如此程度，我也認為有此可能性。我告訴他：「首先，你現在最需要的是請醫師開藥，好好休養。然後，一一處理堆積如山的現實問題，像是離婚和打官司等。」

幸好，他能夠開始休息。他向公司請了兩週的假，只是無所事事地度日。當然，妻子外遇的事一直在他腦海中打轉，但是服用安眠藥之後，能夠入睡了。後來，他也能夠回到工作崗位。這對他來說是救贖。當內心面臨危機時，若是日常生活一如往常地忙碌運轉，就會獲救。

不過，那也意謂著他必須隱藏祕密。他在自己年幼的孩子天真無邪笑著的客廳裡、同事說著關於家人的無聊笑話的辦公室裡，持續扮演普通的父親和社會人士。為了不破壞日常生活，他必須獨自抱著不能告訴任何人的傷痛。心理諮商成為他能夠訴說這類傷心事的唯一依靠。

我們花時間討論。時間也一點一滴釐清了情況。他的妻子真摯地向他謝罪，拚命修復關係。他也接受了。雖然夫妻之間的信賴受損，但沒有演變到最糟的狀況。家庭勉強守住了。

相對地，妻子的外遇對象採取不誠實的態度。每次談判，他都會受傷，暴跳如雷。他說「我要他付出相對的代價」，甚至考慮進行非法的報復。不過，他不能成為罪犯，這個念頭阻止了他。結果，他請求一千萬日圓的賠償費，上法院提出告訴。

那是一段令人痛心的時光。每當文件往來，連不想知道的事實也會被迫知道，而且法律手續太過不近人情。他數度氣到忘我，但是已經沒有直接報復的手段，只能委任律師來處理。結論經過幾個月出來了。法官判定妻子的外遇對象必須支付九十萬日圓。那就是妻子外遇的代價。

他悲傷地說：「這是什麼東西的價格……這種事用錢根本解決不了。」他說「我想要揮霍金錢」，買了貴得離譜的手錶。他看來也像是變得自暴自棄。不過，在那之後，他稍微改變了。他開始訴說悲傷，而非憤怒；訴說孤獨，而非報復。焦點轉移，來到自己的內心。後來，我們針對失去的事物交談，討論他的過錯。不好的東西不只存於外界，內心也有。我們一面聊著那種事，一面等待新產生的事物。那變成了花上好幾年的漫長心理諮商。

中古且有瑕疵的內心

如果有錢，智慧型手機壞掉就能購買新機取代。不過，心中喪失的事物絕對無法買回來。人生只能以中古且有瑕疵的內心過下去。

他因妻子外遇而受到的傷痛，其實真正該值多少錢？應該不是九十萬日圓。儘管如此，我認為那九十萬日圓具有意義。因為經由社會的可靠手續，確定了這筆金額，釐清什麼是用錢搞不定的。實際上，他後來沒有傷害他人，而是針對受傷的自己思考。而且，他能夠針對自己也傷害了妻子這一個觀點思考。他開始注意到錢搞不定的事。那種時候，悲傷絕非壞事。因為那是內心開始運作的證據。

世上有非常多不幸的事能夠用錢解決。同樣地，也有太多用錢解決不了的事。錢能搞定的事，都是小事。我覺得真如前輩所說。過去無法改變，失去的事物不會回來。因此，要用時間，而不是金錢。沮喪、悲傷、追悼的漫長時光，（有時也）會將傷痛的過去轉變成「我個人這部歷史」的一段章節。

他以九十萬日圓買了手錶。結果，手錶他一次也沒戴。不過，我認為他不只是想要否定金錢。當時，他是否想要驅動時間？他是否想要促使靜止的手錶指針向前進？我想，這是他當時的心境。

使用說明書與私小說

如今，世上掀起了使用說明書風潮。這始於名曲〈戀愛使用說明〉，因暢銷書《妻子使用說明書》而蔚為風潮，將所有事物化為使用說明書。不僅大量存在在此無法提及、用來實現強烈欲望的使用說明書，而且甚至出現了《家長會使用說明書》、《兵器倉庫使用說明書》這種書。請務必搜尋一下。令人驚愕的使用說明書世界正在擴大。

觀察充斥世上的使用說明書書籍，可以發現它們是為了控制不如意的事物所寫。無論是妻子也好，丈夫也好，上司或下屬也好，家長會也好（但是兵器倉庫不一樣），各種折騰我們的他人都成為了問題。因為非我們所願，不知道他們會做出什麼事，令我們感到困擾。因此，要有使用說明書。如果透過說明書可以了解他們以何種機制行動，就有可能控制他們。

自己的內心比他人更無法控制。內心明明是自己的所有物，但卻不能隨心所欲。比方說，如果開始感到焦躁，自己怎麼也阻止不了。這種時候，最好使用被稱為「外化」的心理學技巧，製作使用說明書。也就是說，試著先將容易焦躁的自己放到體外，將他命名為「焦躁人」。接著，詳細地觀察焦躁人會在哪種時候出現，做些什麼事他會消失，弄清楚這些機制。如此一來，「焦躁人使用說明書」完成之後，就稍微能夠應對且控制他了。

這就像是靈魂出竅。離開內心，從體外觀察內心。如果我們這麼做，製作自己的日常使用說明書，就能設法控制自己的生活。你是否也是如此？為了妥善操縱自己，應該正在使用某種使用說明書。咦？你說那本使用說明書中，寫的淨是亂七八糟的內容，根本沒有用？別緊張，請放心。那種時候，請前來心理諮商。心理諮商師是協助人們打造客製化使用說明書的專家。一起靈魂出竅吧。

焦躁人的故事

我的內心不受控制，幾乎要展開不合宜的行銷，但我想說的是別件事。如今掀起使用說明書的風潮，但人們容易忘記，其實為了面對內心，也有別的方法可做。沒錯，我的工作有一半是在協助製作使用說明書，而另一半不是。我也在協助創作私小說。

私小說是指第一人稱的「我」，撰寫發生在身邊的事、感想、諸多感受而組成的小說。田山花袋的《蒲團》被視為私小說的濫觴，堪稱教科書等級，但是我當然沒有看完。書中沒有出現魔法和劍，也沒有發生命案，我看到一半就不耐煩而放棄了。不，不只是《蒲團》。如今，私小說不流行。因為內容鬼打牆，曲曲折折。我們太過忙碌，能快刀斬亂麻地整理當下情況的使用說明書，其簡潔明快比較適合我們。

不過，心理諮商過程中就如同私小說的內容。客戶會片斷地持續訴說身邊的事，以及自己當時的心情。比方說，會因為上司的一句話而感到焦躁、因為孩子早上的態度而感到焦躁、因為交通號誌遲遲不變成綠燈而感到焦躁。若是累積這種曲折的情節，就會理出一個頭緒；逐漸明白，客戶至今一直覺得「為什麼大家都不懂我」。

於是，話題變廣，內容更加曲折。客戶會訴說學生時代遭到孤立時，被女友拯救，和她的分手方式令人撕心裂肺；訴說小時候，母親逃離家鄉，自己覺得不能說出這件事的心事。頭緒越來越清晰，就會漸漸看清一路走來，這位覺得活著「沒有人懂我」的焦躁人的故事。

這時，我們不會從體外觀察焦躁人，而是從身體內側一起觀察焦躁人的世界。一同體驗客戶至今的人生中，「沒有人懂我」的故事。

這會改變焦躁人。這就是我們所處的時代中，人們容易迷失的地方。與人分享連自己也沒有察覺到的故事，會成為重新展開別的故事的力量。陳列在書店的私小說不正是如此？順著故事看下去，在書的最後，主角稍微改變了。而讀者也略有改變。花時間編織的故事，具有改變內心的力量。

Word與Excel

使用說明書和私小說是面對內心的兩個作法。這類似用電腦寫日記時，使用Word或使用Excel，會變成截然不同的日記。

若以Excel寫日記，就會變成使用說明書。每天將那一天發生的事、焦躁度、心情、睡眠時間、體重，分別記錄於儲存格，就會漸漸明白自己的趨勢和內心的機制。這時，「自己」宛如就是家電，能夠確認性能好壞。Excel有助於俯瞰自我。

相對地，若以 Word 寫日記，就會變成私小說式的模樣。藉由累積片斷的情節，那段期間的自己如何活著的故事會浮現。原來，也有一個自己活得相當有文學性。Word 有助於深入自己的內心。

內心有家電性的部分和文學性的部分。不，不對，問題在於從哪個角度觀察。也就是說，內心會依循以第三人稱從外側觀察，或者以第一人稱從內側觀察而定，看起來像是家電，或者看起來像是文學。

掀起使用說明書風潮的當下，私小說並不流行。不過，倘若內心只是受到控制，遲早會疲憊。我認為，「內心也有故事，所以不妨側耳傾聽」。試著寫下這次的稿子，說來說去，我察覺到它完全被我寫成了使用說明書的風格，不禁愕然。使用說明書風潮，勢不可擋。

市郊的魔法師

我讀研究所時，認為學術界是魔法學校。坐成一排的教授們是大魔法師，學長們是小魔法師。你來我往的專業術語聽起來像是神祕的咒語，陳列於研究室的書籍看起來全部都是魔法書。而撰寫它們的是歷史上光芒耀眼的大賢者們。明明我已經二十多歲，同年的朋友們正在爾虞我詐的商業界，與金融商品、行銷戰略、PDCA循環搏鬥，但是我整個人掉進了奇幻世界。

因為臨床心理學這門學問（絕非因為我的個性），內心看不見，也摸不到。用顯微鏡、望遠鏡看不到，X光也照不到的就是內心。若要觸碰內心，只能使用內心，唯有使用語言才能將內心化為看得見的事物。這就像是魔法一樣。

某位教授在會議中，發表一段話：「臨床心理學是風之魔法，它使原本完全不懂的客戶內心，看起來像是濃霧散去。」另一位教授則訴說理論：「臨床心理學是照亮黑暗的光之魔法，它描繪出在客戶的內心深處開始發展的故事。」

自古以來，人們相信言語具有咒語的力量。待在學術界，學習各種理論和概念，切身感覺到言語確實會改變現實、驅動內心。當然，也有許多言語太過深奧，不知道在說什麼，但是它更加煽動我的幻想之魂。總之，它很酷。

因此，學術界是魔法學校。心理學像是千里眼一樣，看穿內心；像是鍊金術一般，改變內心。我在這些魔法師的包圍下，勤奮學習心理學。雖然如今還是學徒，但我心想，「我遲早也會變成能夠驅動繁星，化身為龍的傳奇大賢者」，燃燒著熊熊鬥志。

專業知識與社會知識

後來過了十五年。結果，說到我變成了怎樣的人，看來我無法變成大賢者，用盡心力頂多只是市郊的魔法師。我沒有變得能夠操縱風與光，使用高等魔法，只是腳踏實地研磨草藥，熬煮蟾蜍，編織稻草人。

這當然只是比喻。我不知道要在哪裡採買草藥、蟾蜍和稻草人，而且千里眼和鍊金術根本不存在。教授和學長其實都是普通的優良市民。唉，原來全部都是我的幻想。這十五年，我明白這一點，悲從中來。

若要成為獨當一面的專家，就必須解除魔法。心理學的理論無法完全看穿內心，只靠技巧，無法澈底改變內心。因為內心是在真實生活中經營的東西，心理學當然有極限。

了解這種真實生活的感覺很重要。沒錯，從前有魔法的地方，被「社會知識」取而代之。社會知識指的是，針對社會是怎樣的地方，在那裡經營的人生有何種酸甜苦辣，由當地人所共享的知識。世上有採取各種生活方式的人，而能夠設法活下去、並且賴以維生、讓人能夠想像生活上理所當然的真實感的就是社會知識。

年輕時，不太清楚這種社會知識。那是因為缺乏臨床經驗，但是不僅如此，還因為自己的人生閱歷尚淺。在組織內工作，薪資有時足夠，有時不夠；因為各種人際關係而受傷、被療癒。這種人生經驗會教導我們社會的輪廓。我認為，獲得這種社會知識，是成為中年人最大的報酬。那是研究所的課程、教科書中都沒有的知識。

而到了這個階段，就能發揮理論的力量。基於社會知識，心理學畫出了輔助線。透過內心機制相關的幾個假說，能夠實際觸碰到活在真實生活中的內心。雖然那並非全然準確，但有時也有所幫助。

不只是心理師。我認為，律師、工程師、編輯全都一樣。在學校讀書時，專業知識看起來像是能夠解決所有問題的魔法。不過，若是累積社會知識之後，魔法就會解除，漸漸明白自己的工作的極限。如此一來，我們才會成為獨當一面的專家。

可是，魔法再現

臨床心理學並不是魔法。這是真的。但老實說，我有時懷疑自己其實是市郊的魔法師。在城市生活的各種人，環抱著生活中的煩惱與人生的苦惱，悄然造訪心理諮詢室。假如身處中世紀，排解疑難雜症就是魔術師的工作。

不過，我沒有祕藥，也不會高等魔法，無法引發奇蹟。儘管如此，也並不是束手無策。我混合社會知識和心理學專業，努力理解內心，嘗試處理問題。當然，問題不會一下子就迎刃而解。客戶們有無法輕易解決、錯綜複雜的隱情，所以才特地來到市郊拜訪我。

儘管如此，內心經常會改變。雖然不會一百八十度大轉變，但是通常會改變個一度。例如，從某一刻起，變得稍微能夠原諒別人。只是一點點，小之又小的改變。不過，這一度會細微地改變生活，而累積那種時光，人生便會確實走上逐漸改變的路。

我覺得這一度簡直像是奇蹟。它像是魔法一樣。當然，不是我施展的魔法。那是在客戶自己的內心運作的神奇力量。我屢屢想著「人真是了不起」，感到驚訝。

年輕時，教授們看起來像是大魔法師，或許就是因為這股力量。他們並非能夠使用魔法，但是應該幾度親身感受過內心具有神奇的力量。我想，我當時也稍微接觸到那種不可思議的感覺。因此，我如今也持續著這份工作，樂此不疲。

低等動物靈的夜晚

十五年前，我被怒斥：「改變人格！」我不曾忘懷。那是有一天深夜，發生在研究室的事。

如今，我的人格變得圓融，像是剛從鬱金香跑出來的妖精，但是當時，我像是一把被五、六隻低等動物靈附身的妖刀。我想，這是因為我將「做學問是以懷疑為前提的努力」這個命題當真了。我到處對學長的一言一行找碴，口無遮攔地頂嘴。而且不只是學問上的事，我甚至會說「別在走廊上大聲嚷嚷」，提醒日常瑣事，動不動就露出獠牙，脾氣很差。我自以為是蘇格拉底，但是看在周遭的人眼中，我八成只是得了狂犬病的惡犬（而且這才是真相）。當然，我被人冷眼看待，待在研究所的感受一天比一天糟。

假如是一般大人，淪落到此地步，應該會重新自我檢視，但是低等動物靈不一樣。動物靈越是被人冷眼看待，越是狂暴。我變得越來越旁若無人。於是，到了某個程度，我似乎突破了臨界點，被一位學姐找過去。因為學長姐們已經忍無可忍了。

「欸，你腦子裡到底在想什麼？」在夜晚的研究室等我的，是一位比我大兩屆、以優秀聞名的學姐。她的表情和語氣都焦躁到最高點，老實說，我非常害怕，但因為我是低等動物靈，所以越膽怯、越逞強。「有什麼問題嗎？不爽就直說。」這一句話直接往火上澆油。學姐的太陽穴微微抽動，化身成高等動物靈。接著，她咆哮：「你給我改變人格!!」

我的低等動物靈的真實身分是吉娃娃。雖說得了狂犬病，但是被杜賓犬大聲斥喝，立刻默不作聲。我說：「對不起。」唉～我心想，我果然非改變人格不可嗎？鬱悶地問學姐：「呃，人格要從哪裡、怎麼改變比較好呢？」這句話再度惹惱學姐。高等動物靈激動地怒吼：「你白痴啊，自己想！」

黑猩猩換班級

我想起低級黑猩猩的事。從前，我曾對照護黑猩猩的內心感興趣，曾經到處請教靈長類學家、獸醫和飼養員。黑猩猩也會得心病。尤其是在群體中，階級低的低級黑猩猩容易累積壓力。

這也是因為在群體中的人際關係，不，是「黑猩猩際」關係中，低級黑猩猩必須顧慮到各種層面，而且容易被當作霸凌或攻擊的對象。一旦這種事情反覆發生，低級黑猩猩就會躲在籠子的角落，不再加入理毛，也不進食。也就是說，牠會變得有點憂鬱。

悲哀的是，這種低級黑猩猩經常是「討厭鬼」。牠不擅長察言觀色，無法妥善遵守群體的秩序。對於周遭的黑猩猩而言，牠是麻煩的傢伙。因此，牠會被毆打。說不定在深夜，也會被資深黑猩猩找過去，逼迫他：「你給我改變你的黑猩猩格！」於是，牠更加害怕群體，變得有攻擊性，或者在「黑猩猩際」關係中，做出奇怪的事。

這種時候，就是飼養員大顯身手的機會。並非為了改變「黑猩猩格」而對牠們說教或指導。而是替黑猩猩換班級，讓牠去其他籠子。仔細觀察「黑猩猩格」，把牠換到可能和其他黑猩猩合得來的的地方。

畢竟牠是「討厭鬼」，因此終究也可能一樣遭受被毆打的情況。不過，也可能意外地順利回到群體。若有一隻資深黑猩猩肯親切對待牠，牠在籠子裡就有了容身之處。

於是，「黑猩猩格」會改變。縱然牠依舊不會察言觀色（這一點不會那麼輕易改變），易怒的脾氣會緩和，而且不會躲在籠子的角落，能夠加入群體一起理毛等。一旦不安平息，牠的「黑猩猩格」就會變得令周遭的黑猩猩覺得和牠往來也無妨。

是環境的錯

這個低級黑猩猩的情節令我感動。原因有幾個，第一個原因是，它告訴我們若有一個人是「討厭鬼」，不是本人的錯，而是環境的錯。有人說，一個人不得志時，才會露出本性，但那是騙人的。人格的好壞，取決於周遭的人是否和善對待他。

第二個原因是，即使是和周遭的人完全不對盤的「討厭鬼」，也一定能在「其他某個地方」，找到能夠和睦相處的對象。我們平常生活在狹小的社群，在那裡容易覺得自己「人緣不好」，感到絕望；認為像自己這種人，不管去到哪裡都顧人怨。然而，往往世上就有某個地方，意外存在意氣相投的人。換班級、轉校、換工作或搬家，具有改變人格的強大力量（但是，也有同等的危險）。

因此，如果想要改變某人的人格，只能溫和對待他。溫和對待「討厭鬼」很費勁。不過，冷眼相待只會雪上加霜，只有溫暖的眼神才能改變人。當一個人曝露於危險之中，感到畏怯時，是無法改變的；唯有感覺自己安全無恙時，才能有所改變。

不用說，那一晚之後，我的人格也沒有改變。杜賓犬很恐怖，因此表面上我多少變得安分，但是在心中堅定發誓：「我總有一天一定要報復。」然而，研究生這個不穩定的社會角色結束，就職之後，惡毒漸漸從妖刀消散，變得像是鬱金香的妖精一樣。我想，學姐也是一樣。我聽說了她的活躍表現。如今，她應該變得像是向日葵的妖精一樣。假如在某個地方的花田與她重逢，我想我必須得感謝她，沒有無視煩人的學弟，特地來勸告我，但是如今，我能夠笑著訴說那一天的事嗎？

裝病是內心感冒

小時候，我經常裝病。不想上學的日子，我就會說「頭痛」、「身體倦怠」、「肚子痛，說不定會死翹翹」，發揮我好像感冒的演技。一開始會因此被認定為感冒，但是明明早上一臉痛苦，決定要請假的當下，立刻開心地開始看電視，因此我想，父母也漸漸開始覺得奇怪。從某一次起，父母要求我提出證據。因此，我必須用體溫計量出37度以上。

這下傷腦筋了。裝病禁不起科學檢視。天真的孩子再怎麼假裝重病患者，體溫計還是無情地顯示「35.8℃」這個數字。機械著實不解人情。據說今後醫療也會開始人工智慧化，是否能開發出在這種特別時刻懂得使用者的心，能夠顯示出「37.7℃」如此符合期待的體貼AI呢？

無論如何，人類不是機械的奴隸。為了人類的尊嚴，必須擺脫體溫計的控制。我自覺到身為智人的使命，絞盡腦汁。於是，我發明了以睡衣下襬摩擦體溫計的技術。這個方法和從前我們的祖先鑽木取火一樣。

問題在於控制能量。科技容易失控。一旦產生熱，要控制它難如登天，一旦疏忽，體溫計就會跳出「39.8℃」。如此一來，就必須出門去看醫生，無法舒服地待在家看電視。這可不行。我一再修煉，到達了行家的境界。如同國寶大師研磨日本刀，我也能夠精妙且細膩地摩擦體溫計，穩定地摩擦達到「37.4℃」。這是還不用到去醫院的程度，能夠休息一天，觀察情況的最佳體溫。

於是，裝病這一招成為我的囊中物，我運用自如，開始頻繁地向學校請假。妹妹在一旁看著我，以為我是體弱多病的人，可能會早逝。她認為我個性差也是因為死期將近，對我再三容忍。我的裝病完成度如此之高。這是因為我演技精湛，又能提出證據。

裝病就用假治療

世人常說「憂鬱是內心感冒」，這是製藥公司為了促銷新藥而創作的宣傳文案，但實際上，憂鬱很難說是感冒。它容易變得長期化，對人生造成嚴重影響，並非輕症。

反而裝病才是「內心感冒」。明明每天正常去上學或上班，但是某一天早上，突然覺得「我今天不想去」。不能認為這是偷懶。不，或許是偷懶，但是冒出「想要偷懶」的念頭當下，你和平常不一樣。你的內心正在發炎、發燒。

痛苦的是，無法以體溫計測量出內心的發燒。在醫療人類學中，歐美學者認為，憂鬱會以精神層面的變化顯現，而包含日本在內的東亞學者則認為，憂鬱容易以身體層面的變化顯現。在東方文化底下，當身體確實出現症狀之前，憂鬱患者不會被當作病患對待，難以好好休養。然而，身體出現症狀時，狀態已變得相當嚴重，所以，其實該在那之前就開始照護。

為了避免變成疾病，最重要的不是將身心鍛鍊成鋼鐵般堅硬。太硬的鐵容易一下子就折斷。應當趁疾病還是小病時發現，勤於接受照護才是正確之道。

如此一想，會發現裝病才是最強的健康法。細膩地掌握內心的發燒，以誇張的演技強調身體不適。像這樣調度休養與身邊人的照護。話說回來，若是表演身體不適，真的就會漸漸感受到痛苦的心情。即使實際上沒有發燒，也會覺得好像在發燒。如此一來，就太棒了。累積於你內心的疲憊，正在以不損害身體的情況下逐漸散逸。

反過來說，如果看到身邊有人裝病，就該配合對方演出。比方說，若是孩子裝病，說他生病了，大人不是要求提出證據，而是順著劇本，扮演照護的角色。你要擔心他，讓他休養。就是這樣以眼還眼，以演技還演技。治癒裝病的是假治療。否則「內心的感冒」甚至會惡化成「內心的肺炎」，不得不長期療養，也可能會留下什麼後遺症。

裝病是心病

我之所以寫這種內容，是因為我完全過勞了。我原本以為週刊連載能夠像在深夜跳繩一樣，輕快地寫好，但是它比我預想的更嚴酷。我不行了，這樣下去的話，也會影響到其他工作。如此心想的我，昨晚向文春編輯部提出了暫停連載一個月的要求。於是，責任編輯立刻回應。那封郵件中，充滿了慰勞和擔憂，最重要的是，散發出感覺能夠停載的氛圍（也沒有要求提出證據）。

這療癒了我。我能夠休息了嗎？如此心想，稍微振作了起來。不過，罪惡感也同時湧上心頭。我居然因為這樣一封郵件就被療癒，難道我三十七歲了還在裝病嗎？我聽見一個聲音說：「你憑白無故讓身邊的人感到困擾，不配當一個社會人！」

不過，我也聽見另一個聲音。不，話不能這麼說。不管是裝病或裝死，那都無妨。你平常不也跟客戶那麼說？任何工作都一定有人能替代你，而且很快能夠接手。無法造成他人困擾的人才是生病了。裝病是心病。心生病時，唯有讓別人關心你，你才會康復。正因為你是心理師，所以更該比任何人都早一步任性地說「我想停載」，做出示範。

如此一想，我的心情變得輕鬆起來。國寶工匠將體溫計收回刀鞘。驚擾大家了，我會以不停載為目標再努力一下。不，說不定，接下來還是停載了。

菩薩與教練的內心尺規

我本身以心理諮商為業，但是除此之外，世上還有多到數不清的各種心理治療，像是精神醫療、宗教或身體工作（body work）。我的專業領域是比較與討論它們，反覆思考，而這幾年較為感興趣，進行調查的是「教練」（coaching）。用非常草率地方式來歸納說明，這是一種丟出「你想變成怎樣？」、「為了變成那樣，需要什麼？」等問題，協助客戶達成目標，以內心改變為目標的方法。

心理諮商和教練在歷史上，就像是有共同祖先的親戚，也有不少類似之處。不過，唯獨一點，我實在無法同意。他們經常使用「心理諮商是從負到零，教練是從零到正」這種宣傳文案。我對此有異議。

我明白這句話的言下之意。它指涉的意思應該是心理諮商以「生病的人」為對象，教練以「健康的人」為對象。確實，心理諮商偏向聚焦於心中「受傷的部分」，教練偏向聚焦於「健康的部分」，似乎有幾分道理（但實際上，是依個案而定）。不過，身為心理師，我想要說的是，內心的變化絕非從負到正，如同是在走一條數字直線那般。內心的尺規可是彎彎曲曲的。

菩薩笑

為了期望中立，在此，我要提到通靈人士。

老實說，我是通靈人士的鐵粉（請參閱拙著《民俗療法醫生笑》）。如同拉麵控會在出差時尋找當地的拉麵，我如果去到外國，也一定會拜訪當地通靈人士。很久以前，我去韓國的濟州島時，曾去見了被稱為「Posaru（聽說源自於「菩薩」）」的通靈人士。

我在日出之前，造訪市區小巷裡的小屋，留著和細木數子（譯註：日本知名算命師和作家）相同髮型的菩薩出來迎接我（順帶一提，她和我在台灣見過的通靈人士留著相同髮型）。「我早就知道你會來，這幾天一直做奇怪的夢。」我接受全世界共通的通靈人士歡迎詞。因為時間有限，稍微寒暄幾句就請問她至今的人生。

成為菩薩之前，她的人生一直很不幸。生長於貧窮的家庭，年紀尚幼就外出工作。而且她年紀輕輕就結婚，生了孩子，但是丈夫好吃懶作。非但如此，她夫夫喝酒家暴，外遇偷吃，拋家棄子。因此，她為了孩子，必須不分晝夜地拚命工作。當然，人不是鐵打的。菩薩弄壞身體，無法再工作。人生陷入困境，她想要乾脆一死了之。沒錯，她的心生病了。

然而，真正的故事就此展開。從當時起，她就開始不斷作夢。她的夢中，出現鬼魂、佛佗和眾神，還遇到鬼壓床。有點不對勁，不過，她不知道什麼不對勁。她陷入混亂，親戚看不下去，帶她去找鎮上的菩薩。於是，資深菩薩一眼就看穿，說「這是神明賦予妳的使喲」，並告訴她：「妳如果想要痊癒，就修行成為菩薩。」她說：「開什麼玩笑！我不想變成菩薩！」強烈拒絕。不過，她依舊一直做夢，身體持續哀號。無可奈何之下，她終於認命，開始修行。她逐漸能夠和神明、鬼魂交流。於是，症狀漸漸緩解。赫然回神，她變成了菩薩。她在市區搭建小屋，每天為了有精神問題的人們，進行占卜或儀式，也藉此維持生計。

我簡要地歸納，就是這麼一回事——歷經眾多不幸，最後內心生病的她成為菩薩而痊癒。不過，她說：「我絕對不想讓孩子變成菩薩。天底下沒有比這更痛苦的工作了。」我問她：「是什麼讓妳痛苦？」她回答：「鬼魂很沉重。身心都會變得痛苦。我每天都想放棄。不過，如果想要放棄，就會發生更痛苦的事，所以不能放棄。」因為是神明賦予的使命，所以無可逃避。儘管如此，她最後補上這一句：「可是，也會有好事發生，因為能夠像這樣見到你。」菩薩笑道：「而且你會給我很多錢，今天真幸運呢。」她彷彿在說，這也是人生。

軟綿彎折

說到「內心被療癒」，我腦海中就會出現類似「泡湯放鬆」的畫面。也就是放鬆緊繃的內心，恢復原狀這種畫面。疲憊時，當然這樣做就可以。不過，真的被逼得走投無路、生病，而且要從這種狀態恢復時，並不會恢復成以前的自己，而是又會發生別的事。那位菩薩就是如此。她不想變成菩薩，但是為了設法改善身心不適，只好成為菩薩。她將被逼得走投無路的人生，轉換至與之前截然不同的方向。

內心的尺規軟綿彎折。什麼是正面、什麼是負面，這種標準本身能夠重組。因為，若按照之前的尺規，無法認同發生在自己人生中的事時，內心就會生病。這種時候，需要菩薩、諮商心理師或教練。動搖之前人生中的正面與負面，並且帶來新的正面與負面。心理治療順利時，內心的尺規會彎折。於是，從前是負面的事看起來是正面，從前是正面的事看起來是負面。內心改變便是指生活方式像這樣改變。

但有趣的是，這種新尺規該是怎樣的標準？諮商心理師、教練和菩薩各有不同的見解。也就是說，「什麼是正面」會依心理治療師而有所不同（而且因人而異）。所以有的人適合，有的人不適合，而且同樣是從事心理治療，彼此也經常成為商業上的競爭對手。不過，我覺得這樣也好。在我們生活的社會中，正確的生活方式不只一種，內心的尺規也最好能夠有好幾把。

同樣是心理治療者，彼此是潛在的敵人，雙方激烈交鋒。因此，其實我也覺得這篇文章並不中立，稍微向諮商心理師偏袒，各位讀者，敬請注意。

崇敬紙張吧！

網民們，崇敬紙張吧！在至高處，願榮光歸於紙張！

話先說在前頭，我不是篤信宗教的人。雖然我是從幼兒就接受洗禮的純正天主教徒，但是我完全不去教堂，無情的親戚們稱我為假天主教徒。如果從歷史上來看，心理學是一門在無神的時代——也就是只有人的時代，為了相信人而誕生的學問。因此，只要以心理諮商為業的一天，我就不會崇敬神明。我懶得如此詭辯，唬弄著親戚們，可見我對宗教信仰一點也不虔誠。

不過，我信仰紙張大神（譯註：「神明」和「紙張大神」在日文的發音相近）。可以說是歸依祂。身旁的紙張大神慈悲，總是守護著我們。簡單來說，就是哈雷路亞。

我之所以又想到這個，是因為在〈裝病是內心感冒〉這一篇，我洩氣地寫到「因為太過疲憊，我說不定會停載」，結果收到了讀者鼓勵的信。這真的是裝病，所以非常過意不去，儘管如此，還是有人擔心我，真是令人開心。裝病一不小心就差點緩解了。

坦白說，因為收到的是信紙，所以特別好。其中蘊含著紙張大神的恩惠。當然，能夠透過電子郵件或社群網站獲得鼓勵，我也非常感恩，但是「根人」（紙張大神宗教團體的宗教用語，讀作「Net」，網路的意思），沒有治癒裝病的靈力。因此，這次我想告訴廣大的網民們，為何唯獨紙張大神具有如此偉大的力量。正在閱讀電子版的本書的你，請立刻悔改！索多瑪與蛾摩拉、Kindle 會滅亡，紙張來臨。崇敬紙張吧！

馬耳福音——紙愛世人

網民們，紙張大神很悲傷。這樣下去的話，紙張會心懷怨恨，引發災害。因為你們竟然著手做出了「無紙化」這種「褻瀆紙張」的行為。

確實，紙張大神滿是缺點。如果需要會議資料，為了複製紙張大神，就必須在影印機前面浪費時間；而且和第一次見面的人，彼此交換寫了姓名和隸屬公司的紙張大神也很費事。況且，這些紙張大神頻繁地「紙隱」（憑空消失）。

不僅如此，紙張大神最大的缺點是慢。我是在十二月二十四日晚上寫下這篇專欄，所以估計讀者們大概能在新年過後不久，拜謁列印著它的紙張大神。紙張大神要能現身，確實非常花時間。因此，不能寫新鮮欲滴的季節哏，著實辛苦。順帶一提，儘管我是在聖誕夜想到，結合神明和紙張大神這個超絕玩笑話，但是我終究沒去眾人齊聚的教堂。阿們，哈雷路亞。

可憐啊！紙張大神比不上根人。根人能夠無限複製，能夠輕易搜尋，因此方便。重點是，它像惡魔一樣敏捷。如果玩著社群網站，惡言惡語就會在一瞬間擴散。受到土地詛咒的根人們繁榮，水源遭到汙染。悔改吧！紙張的國度即將到來。

網民啊，請聽我說！信仰的本質在於反轉。死會轉變成生，悲慘的事物才尊貴。因此，紙張大神的缺點其實是恩惠。之所以慢又費事，是因為紙張大神是物質。根人之所以快速又方便，因為它就只是資訊。資訊和物資，偉大的總是物質。這就是紙張偉大的道理。

畢竟，我們即使能夠愛著物質，也無法愛上資訊。資訊被處理之後就溜走了，但是物質會留在我們身旁。這時，我們能夠和紙張大神建立親密的關係。沒錯，紙愛世人。寓於愛者、寓於紙張，紙張亦寓於他們內心。阿們。哈雷路亞。.com。

內心的柔軟處

專欄寫到一半，連我自己也不知道在寫什麼。今晚是聖誕夜，我想我變成了紙張大神附身的狂熱預言者，敬請原諒。不過，最後我要將紙張福音翻譯成你們也能理解的世俗用語。紙張和網路皆為載具，兩者都能將內心運往某個地方。不過，各自能夠承載的內心部分稍有不同。

網路容易承載的是內心堅硬的部分。即使高速也不會磨破，輪廓清晰的話語們，透過網路傳至遠方。如果懷抱著信念，想說的事或感受明確的話，透過網路傳達是很好的。

相對地，內心的柔軟部分最好採用紙張。如果覺得連自己也不知道自己到底想說什麼，儘管如此，還是想要傳達什麼的話，這些複雜且多義的話語最好慢慢運載。我在聖誕節寫的稿子會在新年過後送到讀者眼前，這樣正好，書的好處是能夠花時間閱讀，而信件會留在手邊，所以很棒。

內心充滿了比資訊更多的事物。它的微妙語意容易毀壞、喪失，而紙張能輕柔地包覆它的柔軟部分。光滑的網路難以做到這一點，粗糙的紙張比較適合。這種摩擦能夠讓書寫的人和閱讀的人之間，產生親密的交流。

紙張大神想說的，大概是這麼一回事，其實，這全是我這次所收到的鼓勵信當中所寫的內容。我直接引用，信中寫到：「我認為，傳達方法越費事，話語就越有質量。因此，我寫了信。」

太棒了喲。讀者選用紙張來傳達很棒，更棒的是，提供了我能用在連載中寫的題材，我只能稱之為神。既然提筆寫信難能可貴，請各位往後也能寄這種充滿洞察和題材的信給我。

哈雷路亞。

冬季

國中入學考之神

父母被神明附身。你有這種經驗嗎？我有，也忘不了，那是國中入學考前一晚的事。

國中入學考容易變成親子攜手作戰。畢竟身為「考生」的當事人本身正處於沉迷躲避球或電玩遊戲的年紀。若要這種小鬼考慮到避開將來的風險和自我投資，他不可能下定決心接受考試。於是，便由父母作著夢，擬定計畫。父母擔任指揮，孩子讀書。父母是軍官，孩子是士兵，這就是國中入學考。

至少我家是如此。不，不對。我家不知為何，連讀書都是母親負責。當然，我好歹也學習了雞兔同籠問題、二氧化錳和京濱工業區。我應該做了令人流淚的努力。然而，母親比我更努力讀書。她不斷反覆寫著第一志願的名校「麻布中學」的歷史考題。青青校樹，萋萋庭草，累積解題的歲月之後，國中入學考之神終於降臨。不是降臨在我身上，而是母親身上。

「明天漁業會考喲、會考喲。」吃完入學考前的最後晚餐，應該在廚房洗碗的母親被神明附身，說出了這般神語。「燒津港的漁穫量會考喲、會考喲。」

我不寒而慄，母親翻開參考書的漁業那一頁，逼迫我：「你把這裡記進腦中再睡。」考試之神說：「如此一來，麻布的大門就會開啟。」

冷掉的烤牛肉

一九九五年二月三日，嚴寒的傍晚。我和母親通過了開啟的麻布大門。周圍有許多攜手作戰，奮戰到底的親子，排隊前往內院。眾人的表情一樣緊張。不過，從內院回來的親子有兩種表情。有的親子臉上充滿歡喜，有的親子則是被絕望擊潰。我感到不安，我會是哪一種呢？

經過底層架空的空間，來到中庭。人潮擁擠。冰冷的白光照著更白的公布欄。上頭排列著黑色數字，看起來像是凍僵的昆蟲。它們是錄取者的准考證號碼。有的少年放聲大哭，有的少年發出歡呼。我會是哪一種？

我和母親撥開人群。眼睛比我更利的母親先停下腳步。她抬頭一看，表情僵硬地盯著公布欄。我更加靠近，尋找自己的准考證號碼。沒有。不會吧。我再找一次。有我前後的號碼。不過，沒有我的號碼。確實沒有。為什麼？

都是漁業害的。為什麼考題中偏偏出現漁業。因為日本是吃魚大國嗎？不，不對。問題不在於此。為什麼當時我沒有背好漁業的內容？明明母親翻開的那一頁中的圖，直接出題了。

我不懂。因此，我對母親坦誠：「我沒有想到會考漁業。」母親大吃一驚。「不會吧……你沒背嗎？」白光刺眼。「嗯，一般不覺得會考吧？」「可是，考了不是嗎？」「考了，所以我落榜了。」我們的對話就此結束。

我們母子倆走到麻布的大門，通過再也不會對我們開啟的大門。沉默令人痛苦。「我自己回去。」這句話從我嘴裡脫口而出。「……好。」母親應道。我在人群中拋下母親，奔向廣尾的車站。

獨處之後，混亂的情緒稍微和緩，取而代之的是悲從中來。因為在我的人生中，能夠通學至麻布的日子絕對不會來臨。我哭了。原來國語參考書中的「悲慘」這個形容詞，是用在這種時候。

我好不容易走到家，家裡聚集著親戚們。今晚原本應該是慶祝我考上的聚會。畢竟考了漁業。不過，氣氛當然像是守靈夜一樣。「要不要吃？」母親盛著餐桌上的烤牛肉。我吃了一口。悲慘的烤牛肉冷掉了。我又哭了。我忽然看了妹妹一眼，她一副從來沒有如此愉快的模樣，狼吞虎嚥地大口吃烤牛肉，咕嘟咕嘟地喝著果汁。

內戰與獨立

「我總覺得烤牛肉原本就是冷食。」我在研究所的聚餐席間一說完，教授便如此說道。確實如此，烤牛肉本質上是冷的。教授接著說：「我覺得沒有背漁業的內容很棒啊。假如你當時苦讀的話，搞不好你的人生就變成令慈的人生了。」

真的是這樣。國中入學考確實是親子攜手作戰。不過，那是在孩子正要邁入青春期的時候所進行。父母和孩子各有內心，變成渾身是血的壕溝戰，殖民地逐漸獨立。國中入學考就是：彼此攜手作戰的同時，也展開這種內戰。

因此，我必須拒絕降臨在母親身上的國中入學考之神。不，不僅限於考試。成為大人就是這麼一回事。有人親切地告訴你「會考唷、會考唷」。如果按照對方所說的做，或許眼前的事會順利。儘管如此，如果覺得「那種東西不可能會考」，就不會去做。這樣的結果，應該有時勝利，有時敗北。無論如何，能夠將最終結果作為自己的歷史而接受時，內心就會稍微變成大人。自己獨立的內心誕生了。

教授說的是這麼一回事，我在研究所學習了那種學問。不知是否如此，或者是因為我的業障，後來，我也沒有回應教授說的「漁業會考唷、會考唷」。我尊敬他，而且他照顧我，又對我抱持期待，但是最終，我覺得「漁業不可能會考」，所以沒有去做。結果漁業再度出題，所謂人生就是反覆上演著相同歷史。

儘管如此，我認為「沒有背漁業的內容很棒」是金句，而且那正是心理學的本質。內心有內心的邏輯。從事心理工作的我，如今仍這麼認為。

總之，現在已正式進入國中入學考的季節，請各位家裡有考生的家長，注意健康管理。啊，順帶一提，你孩子報考的學校今年會考漁業，建議最好事先復習。願國中入學考之神能夠保佑他。

哈米吉多頓之後

（譯註：《新約聖經．啟示錄》所預言的末世末期善惡對決的最終戰場）

我要說一件黑暗的事，但是最後會出現光明，請各位忍耐往下看。上一次，我寫到在國中入學考試慘遭滑鐵盧的事，老實說，不只是第一志願落榜。我所有學校都沒考上。十二歲的冬季遭遇大空襲，一整片原野被野火燒光，受到毀滅性的打擊。

不過，唯獨一間學校，只有一間學校錄取了我。我很幸運。雖然眾神捨棄我，但是無論如何，仍有一間學校能夠就讀。而且天無絕人之路，那是第二志願的學校，所以家人非常高興，而我當然也很開心。故事「看起來像是」迎向快樂的結局。

一個月後，發生了東京地下鐵沙林毒氣事件。奧姆真理教同時發動多起恐怖攻擊。後來，電視上變得全是奧姆真理教。播放令人難過的悲慘畫面，持續出現哈米吉多頓、Satyam

（譯註：奧姆真理教的宗教設施名稱，在梵文意指「真理」）、Phowa（譯註：是奧姆真理教中實踐教義的殺人行為）等，聽起來陌生的奧姆真理教用語。社會一片譁然。那一切彷彿，哈米吉多頓＝世界末日來臨。

春假期間，我一直目不轉睛地盯著電視。我已經不用讀書準備考試了，明明就可以看漫畫、打電動，但是我一古腦兒看著奧姆真理教的新聞，說起奧姆真理教的用語，腦袋變得有問題。

大概，是因為當時的我置身於哈米吉多頓之中。小學生活有一半是為了邁向國中入學考這個最終戰爭而活，不久前剛下了最後的審判。幸虧神明眷顧，我的心情就像是獲得救贖上了天堂，但是完全無法想像在哈米吉多頓之後，人生還要持續下去。因此，我一直看著播放著末日情節的電視。

我無法專注讀書

就讀國中之後，同學們也老是在說奧姆真理教的事。我認為，所有人都因為後哈米吉多頓的世界而陷入混亂。不過，第一學期尾聲，混亂平息，所有人回歸各自的日常，開始認真過著國中生活。

我回歸的是最底層劣等生的日常生活。第一學期的成績單上，已經有一個不分格分數（看起來像是成績單在流血），其他科目也都是低空飛過，險些滿江紅。這間學校不會公布總成績的排名，只會顯示大致的名次。我在倒數五名的框框裡。也就是說，我也有可能是最後一名。而國中三年內，我一次也沒有爬出那個最底層的框框。

當然，大概因為是好學校，所以周圍同學的程度都偏高，即便如此，我還是完全無法好好讀書。或者應該說是，我根本無法努力讀書。「已經不必讀書了，反正哈米吉多頓都結束了。」我一開始如此心想，便不願意讀書。不過，最底層框框的同學們一個接一個輟學，新成員跌進那個框框，而當我目睹他們退學這個現實，才發現哈米吉多頓沒有結束，新的競爭展開了。就算如此，當我意識到這一點時，已經變成了想讀書也無法讀書的狀態。這真是個謎。

當時，我讀了山田詠美的《我不會讀書》這本小說，感到絕望。因為我原本預期想看劣等生的悲慘日常生活，藉以安慰內心，但書中描述的卻是一個運動能力強、懂得做人處事又聰明，但是刻意不讀書的少年。而且，他深受女生歡迎。哎呀，這不是我要的。相較之下，赫曼．赫塞的《車輪下》如實描述劣等生的生態和心理，因而療癒了我，但主角的結局卻死於意外。饒了我吧。

我無法專注讀書。課堂上聽講也完全裝不進腦袋，想要預習、復習也不知道該做什麼才好。如果是小考前一天，我會去圖書館，而且自認為在讀書，但實際上，卻是看了不想看的無聊小說之後回家。我厭惡這樣的自己，好歹想在隔天早上之前背一個英文單字，但是不知為何，邊看電視邊背，所以半個字也沒背起來。我想，假如我現在是國中生，就會一直滑手機。當然，小考的結果爛透了，更加自我厭惡。於是，在課堂上聽講也裝不進腦袋的情況越來越嚴重。我無法專注讀書。當時，我想看的是寫實小說。

後哈米吉多頓真憂鬱

我想對全國家裡有劣等生的各位家長，以及班上有劣等生的各位教師說。即使激勵劣等生「去讀書！」或者怒斥「為什麼你不讀書?!」都是白費力氣。因為劣等生深知必須讀書，而且已經深切責備了無法這麼做的自己。

劣等生正在自我毀滅。他的內心正在自我破壞，螺旋式地惡性循環。如今，我成為心理師，替陷入類似狀態的孩子和其家人做心理諮商，能夠解開那個謎。那果然是「憂鬱」。因此，腦袋一片空白、停擺、一直分心，劣等生們無法確實接觸到現實。

後哈米吉多頓真憂鬱。孩子們在哈米吉多頓之後，沒有獲得寬慰內心、收斂混亂的關懷，被新的哈米吉多頓所吞噬。這些孩子們沉澱在最底層框框的黑暗中。他們的自我毀滅是全方位的，所以在社團意志消沉，個性也變得難相處（當然也不受異性歡迎），也有幾個人自願輟學。因為在他們的內心，颳起了自我毀滅的風暴。不過，那發生在難以看見的地方，所以大人們也不知道怎麼做才能關懷他們。

如同《車輪下》書中的描述。不過，我的結局略有不同。因為當時，我有交到一個朋友——一個在社團意志消沉，個性變得難相處，不受異性歡迎，也無法專注讀書的朋友。結果，在最底層框框的我們產生了友情。

終於寫到看見光亮的地方，篇幅用盡了。未完待續。

前往粉紅色的森林

國中入學考系列也邁入最後一次連載，由於內容太過黑暗，有人不留情面地說：「後續要不要別寫算了？」還有讀者提出正確的指摘：「我看了卷末的作者簡介，結果大學入學考好像考得很好，反而是在炫耀吧？」儘管如此，我還是想把這系列故事說完。因為我認為，那是決定個人成敗的關鍵時期，而且在那種個人的關鍵時期，內心這種抽象、無以名狀的東西會現身。

於是，我要說我朋友的事。Z同學一直在說戰爭的事。到了小考前，他自言自語「勝利之前，我無欲無求」；小考期間內，他眼睛底下出現黑眼圈，說「不得已只好發動英帕爾戰役（譯註：第二次世界大戰期間，日軍對英屬印度軍發動的戰役〔一九四四年三月～七月〕之一，最終日軍慘敗收場）。」

等到考卷發下來，他哧哧笑道：「你看吧，陣亡了。」身處在二十世紀末的和平教室裡，好像只有他置身於戰爭時期。

「要不要去看國境？」有一天午休，Z同學邀我。那間男校位於鎌倉，四面環山，操場對面有森林。而那座森林的另一頭有女校。我二話不說地贊成。到了那個年紀，就會對國境的另一頭深感興趣。

我們進入山裡，撥開樹枝跨過樹根，進入森林深處，碰上了綠色的柵欄。柵欄的另一頭也是深邃的森林，從樹木的縫隙間，只能看見遠方的女校屋頂。「靠北！」Z同學抓住冷硬的柵欄，把臉抵在上頭喊道：「這裡是北緯38度線！」我想問：「我們是在南邊，還是在北邊？」但是這個問題很蠢，所以作罷。我們在森林深處，一起哧哧竊笑。

後來，我們感情變好，頻繁地進出森林。大概是因為午休時間和放學後，待在班上很痛苦吧。自古以來，無論是中世紀的隱士或罪人，若要逃離紅塵，森林鐵定是不二之選。

焚燒畢業紀念冊

「我有一個特別的任務，想請你陪我。」深秋時分，Z同學拜託我。「我必須燒掉機密文件，」他說：「我看著小學的畢業紀念冊，煩惱就會湧上心頭，快要發瘋，導致我無法讀書。所以，我想燒掉它。」他露出一臉嚴肅的表情。我二話不說地贊成。森林和火的組合，沒有比這種事更有趣的了。為了這項特殊任務，我們準備了火柴和汽油，以及為了萬一失火時，從某個管道弄了到滅火器（來源請別問）。

秋高氣爽的某一天放學後，我們潛入森林。Z同學心情亢奮，每次跨越樹根，就會「噓！」一聲，將手指抵在嘴唇，模仿美軍特殊部隊。來到接近懸崖處，他將畢業紀念冊扔在地上。「這一帶就好，準備發射火焰！」他灑上汽油，點燃火柴。仍顯稚嫩的Z同學和他喜歡的女生被火焰吞噬，逐漸火化。我祈禱著「一路好走」。然而，火焰意外地延燒擴大，險些蔓延至周圍的枯葉。糟了，會變成森林火災。我立刻拉出滅火器的插銷。粉紅色的藥劑粉末以猛烈之勢噴射，令我嚇了一跳。我「哇！」一聲，陷入混亂，將滅火器拋向懸崖。滅火器發出「哐～咚～咚～」的聲音，滾下懸崖，猛烈撞擊懸崖下的道路，發出巨響。接著，森林又恢復寧靜。

「你在搞什麼鬼?!」Z同學爆怒：「萬一下面有人，砸中就要人命了！」確實，幸好沒有半個人。我向他道歉。他繼續說：「要是那種東西滾到馬路上，被人報警，鐵定會東窗事發。這是特殊任務耶！」我尷尬地垂下目光，看著地面，Z同學和女同學的照片只燒掉一半，以悲慘的狀態留下來。特殊任務失敗了。「算了，埋起來吧。」他說。

我們倆在尷尬的氣氛中挖洞，掩埋燒焦的畢業紀念冊。我抬起頭來，發現一整片粉紅色。滅火器的粉末飛散，將黑暗的森林染成粉紅色。夕陽從樹木的縫隙間照進來。綠色、粉紅色和橘紅色混在一塊兒，閃閃發光。

「……好壯觀！」我不禁讚嘆。「啊，好美。像是越南一樣。」身穿運動服的士兵哧哧竊笑。我問：「會被發現嗎？」

「不知道……祈禱吧。總之，我們生還了。」Z同學模仿戰爭電影說：「我們活著回去吧。」

青春期的幸運

前幾天，我睽違二十年造訪母校。當時的班導師如今變成校長，他接待我，而我沒有提起當年的粉紅之森事件。因為並沒有東窗事發。以前，這種危險的事很多，但幸運的是，大多沒有演變成事件，也沒有造成致命傷。我和Z同學都勉強從高中畢業，他如今在美國工作。為了避免有人誤會，我先把話說清楚，是跟軍事無關的工作。

校長替我介紹新建的校舍。和以前不一樣，潔淨明亮。不只是建築物不同，學生們也真誠開朗，彬彬有禮地對我們打招呼。奇怪。這間學校原本應該不是這種地方，而是更加殺氣騰騰，拚個你死我活的地方。難道是締結和約，和平來此地造訪了嗎？

不，不對。當時從大人的角度來看，應該也是明亮和平的學校。戰爭分別發生在Z同學的內心與我的內心。我想，其他同學心中也有各自的戰爭。殺氣騰騰的瘋狂情緒會在看不見的地方蠢動。在那些彬彬有禮的少年心中，瘋狂的情緒一定也在翻騰。青春期就是這麼一回事。

因此，需要森林。如果沒有森林，圖書室、屋頂、體育館後方都好。學校需要能夠和朋友一起展現瘋狂內心的空間。青春期的內心會噴射出粉紅色的瘋狂。在它距離破壞現實僅剩一步之遙的地方，森林會包覆、吸收它。這種自我調適的累積會孕育出人際關係，慢慢修復內心。不，這當然也可能不順利。因此，我果然很幸運。無論是當時懸崖下沒有人、那間學校有森林，或者是，結交到能夠一起去森林的朋友。

夢變成了工作

夢變成了工作。如此一寫，或許有人會覺得我像是只做喜歡的事的 YouTuber，但完全不是。作為我工作的不是白天的夢，而是晚上的夢。不是將來的夢，而是昨晚的夢。討論客戶睡著時做的夢，那就是我的工作。

平常隱藏的欲望和記憶會出現在夢中。因此，做夢是通往潛意識的捷徑。精神分析的始祖——佛洛伊德如此說道。我在大學的課堂上提起這種內容，平常像是睡美人一樣昏昏沉沉、不斷做夢的女大學生們睜大眼睛。接著：「我夢到咖哩（編註：日文的咖哩與男友諧音）在空中飛，這是什麼意思？」這種問題此起彼落，逼我一針見血地說中她們內心的想法。

說到解夢的專家，會想到靈媒或占卜師，因此我想，她們也許誤以為我有法力。不過，我當然無法一針見血地說中。因為我每天致力於更腳踏實地工作。話說回來，如果我有那種超能力，現在我肯定不是在大學的教室，而是在 YouTube 頻道大肆幹譙。

不，學生們當然應該也知道我不是靈媒。儘管如此，她們忍不住想要詢問這些奇妙的夢境代表什麼意思。夢具有那種魔力。

退休後的惡夢

一位坐六望七的男性和妻子一起來接受心理諮商。我們一碰面，他就遞給我好幾張寫著「諮詢委員」或「顧問」的名片，令我不知所措。一問之下，他爬上一家無人不知、無人不曉的大企業董事寶座，如今在好幾家企業就任名譽職位，過著悠閒自得的退休生活。不，原本應該如此。

「我很傷腦筋。」妻子先開口說話，但他像是唱雙簧似地吐槽：「才怪，傷腦筋的人是我。」妻子苦笑道：「我每天深夜被叫醒，請你也想一想我的感受。他每晚大喊『救救我』！」男性繼續唱雙簧：「妳在講什麼?!我淨做一堆惡夢，請妳也想一想我的感受。」

夫妻倆你一言我一語的節奏太過明快，我險些忍俊不住，但他真的苦惱不已。因為一直做惡夢，他甚至開始害怕夜晚來臨。於是，我問他是怎樣的惡夢，妻子失笑道：「請你聽他說，他一直在參加比賽。」

「昨天是跑馬拉松，但我跑到一半不知道終點在哪裡而迷路，一下子被國中同學超越，我一籌莫展。」「在那之前，是大學入學考試的夢。既沒有鉛筆，也沒有準考證，我真的無計可施。」「我一天到晚夢到才剛出人頭地，就被降級。」他在那種夢的最高潮，會大喊「救救我！」叫醒妻子。如同他的妻子所說，任誰都想得通夢的意思。

不過，他對於夢的意思完全不感興趣。大概是因為一直以來，他過著不斷硬碰硬地競爭，和現實拚搏的生活方式。他好像無法留意到內心這個心理層面，也無法想像調整生活方式。總之，他只有一點堅持——希望消除惡夢。因此，若是採取面對自己的內心這種心理諮商，恐怕效果不彰。

我給予具體建議：「要不要試著將惡夢一事，大肆張揚？除了妻子之外，不妨也讓孩子、孫子知道這件事，讓他們給你安慰。」我認為，他需要的不是繼續競爭，而是內心也退休。變成爺爺之後，他需要某種照顧。沒想到他聽之了之後開心地說：「嘿，這個建議好。」他一定希望兒孫聽一聽夢的內容。「小幸改天要來的時候，我會跟她說說看。」

一個月後再見面時，他的表情開朗。「我孫女啊，做了捕夢網給我。」那是美國原住民使用的驅魔護身符。據說將以毛線和橡皮筋製成的護身符，貼在寢室的窗戶之後，就不會再做惡夢了。「我真的很驚訝。有一次快要做惡夢，但是我使用了這個魔法，穿牆逃走了。」我沒有想到會如此順利，吃了一驚。小幸是不是靈媒？不過，他的表情一變，露出困擾的神情。「可是，住在別墅時就沒辦法了，又會做跑馬拉松的夢。」妻子失笑道：「我拜託小幸再做一個護身符給你，可是她似乎忙於補習。」於是，他笑道：「我給她零用錢吧，應該能用錢解決。」他露出爺爺的表情，我也笑道：「這樣挺好的，盡情發揮你身為顧問的能力吧。」

魔力

夢，載運的是內心的質感。白天的內心染上的色彩或心情，在晚上的夢中會化作故事成形。這名男性的情況，是身體和名片過著退休生活，但是內心仍然活在競爭的世界。對他而言，退休或許像是人生結束一樣恐怖。我想，這種質感變成了「迷失終點的馬拉松」這種夢。

人之所以想說夢的內容，是因為夢是將內心運往某個地方的載具。內心無法直接向他人傳達，因為內心是與外界隔絕的孤獨事物，因此原理上，無法讓他人體驗相同質感。不過，夢載運著質感，所以他妻子能夠直接感受到他無法退休的內心。

而他人能像這樣感受到自己內心，這件事本身具有魔法作用。他孫女的捕夢網像是王子的親吻，解開上班族的詛咒，將他變回了爺爺。雖然內心在本質上是孤獨的，但是它希望你抵達某個地方，編織出夢來。

夢搬運著內心。夢緩緩地搬運著位於深處、自己清楚知道它的存在卻看不見的內心。夢主要將內心運向自己，有時則會將內心運往對自己而言重要的人。所謂心理師，便是樸實地協助這類關於夢的工作。

是大腦的錯吧

童謠〈根本沒有妖怪啊〉是超級名曲。一個害怕妖怪的迷信男孩說服自己：「是睡迷糊的人看錯了啊。」這首童謠的歌詞中，精準描述「沒有妖怪，是眼睛的錯覺」這種心理學的核心。實際上，明治時期的某位心理學家四處啟發大眾，「人們之所以認為是妖怪的錯，其實不過是心理的錯覺」。順帶一提，他被稱為「妖怪博士」，真是歷史的諷刺。

不過，真正棒的是這首童謠的第二段之後。儘管男孩認知到了心理學，他還是開始想像「妖怪存在的話怎麼辦」。起初，他想著要「把妖怪放入冰箱，凍得硬梆梆」，以科學方式應對。但是隨著到了後半段，他心想「假如和妖怪變成朋友，應該很有趣，而且能夠向大家炫耀」，越想越嗨。

此處藏有深入的洞察。心理學很乏味，比起以眼睛的錯覺下結論，妖怪晃來晃去，世界豈不是更加多采多姿？就這一點而言，動畫《妖怪手錶》的片尾曲〈妖怪體操第一〉實在很棒。因為歌中唱到，無論是主角睡過頭、被喜歡的女生甩了，或者青椒被吃掉了，全部都「是妖怪的錯」。比起「是內心的錯」，「是妖怪的錯」這個想法，在心情上對我們輕鬆許多。不用將痛苦的事當作自己一個人的問題。因此，不一定要是妖怪。可以是天氣的錯，也可以是公司的錯。不是在自己的內心找出原因，而是向外尋找，自己就沒有錯。而實際上，問題也大多不在於你。

口吃的內心

她連說三個「大」之後，一句話才終於成形。「大、大、大腦累了。」一名年約五十歲，丈夫離家的女性說。她是一位身材高挑，端莊高雅的女性。孩子升上大學之後，就發生意想不到的事，她開始了一個人的生活，因此她內心非常混亂，感到不安，陷入失眠。

不過，她以驚人的速度恢復了。精神科醫師給予的投藥治療適當，而且有足夠的資產過日子也是一大原因。她開始能夠入睡，積極向前；為了轉換心情，她想找個工作。卻沒想到，原本長大成人之後，已大幅改善的結巴竟然惡化了。她說「口吃的話，無法工作」，於是精神科醫師轉介她接受心理諮商。「結、結、結、結。」她說到一半放棄，尋找其他詞彙：「我、我想設法治好口吃。」

我認為，結巴當然是在告訴她，她的內心受傷了。不過，她否定並主張：「過去就過去了，我整理好了心情。只是要做的事太多，大腦累了而已。是大腦的錯。」她和丈夫分居才過了兩個月，所以我在想，累的是內心，但是先按下不說。

她嘗試了各種事，但是結巴遲遲沒有好轉。因此，我們漸漸也聊起了結巴和大腦之外的話題。她依舊維持端莊高雅的態度，但是開始不時發牢騷：「我不懂為何外子要離開家。」這種時候，她會瞬間變得軟弱。或因如此，我們馬上又回到大腦的話題。

有一天面談，她比平常更斷斷續續地說話。「徵、徵、徵、徵……」她試圖擠出無法隨心所欲說出的詞彙，表情扭曲，臉色極差。「不好意思。」她突然如此說道，從位子起身，衝進洗手間。她一臉鐵青的回來之後，說她吐了。接著，她毫不隱瞞地說：「徵、徵信社來向我報告了。」原本被堵住的話語一古腦兒地奔流而出。她和盤托出自己下定決心，委託徵信社；她丈夫有過從甚密的女性；那個女人是她也認識的人；他們之間的關係應該不是一天、兩天的事了；他們兩人已經一起生活。「一想到目前為止的歲月算什麼，我就很傷、傷、傷……」她激動得語塞，試圖換成其他詞彙。「難、難、難……」不行，再換一次。「心、心如刀割。」

接著，她憤怒，然後變得悲傷。她陷入混亂，變得憂鬱。這是一段痛苦的時光。不過，那是內心原本的步調。端莊高雅的她消失，受傷的她現身了。相對地，結巴漸漸和緩。她花了好長一段時間，再度重新打造了人生。

大腦是他人

內心在大腦中誕生，悲傷和喜悅終究是神經元的放電罷了，腦科學家如此解釋道。這在科學上是正確的。而如此一想，就能暫時忍耐人生中發生的各種創傷。

實際上，大腦疲憊會比內心疲憊更輕鬆。這時，將疲憊的內容凍結就沒事了。那位女性置身於不幸之中，儘管如此，她為了堅強地挺直背脊，冷凍創傷，試圖遠離悲傷。若不將這種痛苦交給大腦，內心恐怕就會一蹶不振。

因此，大腦是他人。當然，就身體而言，大腦也是「我」的一部分。不過，它終究是物質，所以也是「非我」。是大腦的錯吧。跟妖怪或天氣一樣，若是「我」無法獨自承受的內心交給「非我」，就會感覺輕鬆許多。

不過，假如有值得信賴的人，就能將你的內心暫時放在那個人的心中。於是，內心的時間會開始流動。疲憊會解凍成創傷。這是一件不可思議的事。要能夠認為「是內心的錯吧」，需要的是另一個內心。

這正是迷信男孩之所以被妖怪吸引的原因。縱然把錯推給內心，自己之外的人並沒有從世界上消失。我們的內心外側，其實也有他人的內心。當然，人們容易找不著它。這是否是那位女性結巴的真正原因？她對於他人的內心感到絕望，所以話語被堵住了。在此同時，她也尋求他人的心，所以話語試圖奔流而出。因此，語言會在自己的內側與外側的交界領域來來去去。這都需要時間的。為了能再度相信他人，時間是必要的。躊躇要不要跨出腳步的那段時間裡，大腦會暫時保管她的內心。

監考老師不能超然物外

阿德勒（アドラー）、等級（ランク）、克萊恩（クライン）（譯註：日文中，沒有「ん(ン)」開頭的單字，因此文字接龍的參與者說出的單字結尾是「ん」時就算輸）。……不行，字尾出現「ん」了。佛洛伊德（フロイト）、東畑（とうはた）、田畑（たばた）、田地（たばた）。……這也不行，一直在「た」鬼打牆。哎呀，心理學家接龍到極限了。距離考試結束還有一小時，我該做什麼才好?!大學教師最重要的工作是什麼？是當監考老師。期中考、期末考，以及補考，平常也一堆考試，但最重要的是入學考。如今連奧運也差點因新冠疫情而停辦，但是唯獨入學考謹慎地持續進行。這令我體認到入學考正是貫穿我們社會的神聖脊骨，而執行這種神聖祭祀的神官，正是大學教師。

然而，沒有比當監考老師更痛苦的事了。有時候是長達兩天的長期抗戰，但是要說的話只有「開始考試」、「還剩十分鐘」、「考試結束」這三句話。不能滑手機，也不能看書。在暖氣強勁的溫暖教室，只有鉛筆發出喀嚓喀嚓的聲音，當然令人昏昏欲睡。不行！我必須維持最高水準的清醒，揭發作弊行為。為了維持清醒，我開始在心中玩起心理學家接龍，但是連五分鐘也撐不到。這種時候，就要使出正念（Mindfulness）這個最終絕招。據說這種冥想法源自於原始佛教的禪修，專注於「當下」，以提升意識的品質。

吸氣、吐氣。全神貫注於呼吸。意識開始變得澄淨。叭噠、叭噠。關注腳底的感覺。意識像鑽石一樣純淨無瑕。吸～～～吐～～～。呼吸達到最深處。宇宙的輪迴解開。大日如來現身。不行，要開悟了！險些在考試過程中達到涅槃的境界。

督導

一位穿褲裝很好看的年輕女性來到我的辦公室，是為了接受督導（super-vision）。督導是心理諮商的訓練之一，向資深心理師報告自己所負責的案子，並接受建議。

她當時還是研究生，口頭禪是：「我該怎麼做才好？」我一問：「妳在擔心什麼？」她就會困惑地回答：「全部。我不知道這樣算不算心理諮商。」她很聰明，又能理解別人的心情，但是沒有自信。

儘管如此，一開始諮商工作很順利，因為客戶是個孩子。小學生或青春期的孩子們會對真誠親切的她敞開心扉。在心理諮商中，能夠進行不同於家庭或學校的體驗，所以他們的問題改善了。我誇獎她：「妳的工作表現很好。」不過，她皺起眉頭說：「不知道，我覺得是瞎貓碰到死耗子。」她並沒有從案例中累積自信。

開始督導過了一年左右，情況變得嚴重。她第一次負責成人客戶。對方是與她同個世代的男性。不久之後，他愛上了她。或許因為他長期以來過著沒有人際關係的生活，所以可能藉此尋求他人。不過，那是一段非常蹩腳的戀情。他幾乎每週都會寄信給她，面談時送她在百圓商店買的禮物。「我該怎麼辦才好？」她應付不來而向我求助，希望我告訴她如何正確處理。她在下一次面談時，按照我所說的應對他。

此舉令他陷入混亂。她按照在督導時學習的內容，告訴他「你的好意我心領了」，但那終究是別人的說詞，所以他不知道自己是否遭到拒絕。於是，他覺得自己必須更進一步，而她再度在督導時請求指示。其實她真正需要的是以自己的眼睛觀察，以自己的心意應對。不過，那對她而言很困難。她馬上面臨到極限。有一次，陷入混亂的他勃然大怒，掄起拳頭。她以為要挨揍了。不過，他遲疑了一秒鐘，一拳打在諮詢室的牆上。

「我該怎麼辦才好？」這一次督導，她一如往常地尋求答案。「妳最好停止面談。」這是我的回答。這樣下去的話，雙方都會落得悲慘的下場。我必須保護他們兩人。「我認為，如今的妳，無法處理這個案子。」

她沒有回應。陷入一段沉重的沉默。她看起來好像受了傷，又好像在思考什麼。因此，我問：「妳在想什麼？」她開口說：「我想，他是為了不破壞心理諮商，才一拳打在牆上，而不是想要毆打我。」我也是這麼認為。

「……但是，我認為由我來破壞這段心理諮商也不好。」這一瞬間，她有了自己的意見。她以自己的眼睛在觀察。因此，我告訴她：「既然這樣，我們一起思考能夠做什麼吧。」

後來，他們一起走了好長一段路。

上級的眼

監考老師和督導。或許感覺上是八竿子打不著的兩件事，但它們的共通之處是「上級的眼」。實際上，督導的 Super 是「上級」的意思，而 Vision 是「視野」的意思。兩者都是從上級的角度看事情的工作。

此時，被上級觀察的人並不太愉快。因為「上級的眼」給人的感覺是監視、管制、舉發且恐怖。因此，她大概將思考這件事，交給了「上級的眼」。

不過，其實「上級的眼」不是為了監視，而是為了保護。不是為了管制，而是為了培育。這一點要等到變成大人才會懂。

因為「上級的眼」是大人的工作。有許多麻煩的事，也有許多吃力不討好的事。儘管如此，為了讓年輕人有一天能夠在自己心中擁有「上級的眼」，大人便暫時接下「上級的眼」這個工作。

監考老師也是一樣。監考時並不適宜達到超然物外的境界。因為會沒看到作弊行為，或者沒注意到弄掉鉛筆而手足無措的考生。做深呼吸。吸～～～吐～～～。

像鑽石一樣雪亮的「上級的眼」，凝視著遇到困難的考生。我全心全意地撿鉛筆。考生只是點頭表示感謝，馬上就會忘記我，然後埋首於答案紙。當監考老師與督導的萬千滋味，都來自於凝視著他們的身影。

按摩淚腺

這個話題累格好久。我終於看了《鬼滅之刃劇場版無限列車篇》。號稱票房收入史上第一名，真不是蓋的。我哭了。不，我哭慘了。中間之後，感人的場景簡直像是不要錢似地一幕接一幕攻擊觀眾的淚腺，令人淚流不止。令人揪心的是鎹鴉流淚的場景。雖然我理智上認為「鎹鴉在哭?!又不是在搞笑」，但是不知為何，卻悲傷得哭個不停。這是我人生中第一次對烏鴉產生共鳴。心情像是被技術超好的猛男按摩師，強制按摩淚腺。

我想起了《眼淚：人為何哭泣？》（Crying：the mystery of tears）。這本書的內容是眼淚研究學者——威廉．H．弗雷（William H. Frey）博士解析眼淚的成分，有趣的是為了採集實驗用的淚水，大費周章的場景。使用洋蔥刺激眼睛，讓人流淚很簡單，但是要獲得悲傷的淚水卻很困難（這兩者的化學成分似乎不同）。連誇下海口，說自己隨時能哭的女演員，在實驗室也哭不出來，而每天悲傷得以淚洗面的人，在科學家面前也沒有心情哭。我懂他們的心情。若是被科學包圍，悲傷就毫無容身之地。

結果，博士選擇的是感人的電影。實驗參加者們在眼睛下方安裝試管，然後看著電影。這種情境本身很搞笑，總覺得再悲傷的故事也會變成喜劇，但是這種作法非常成功。瘋狂的博士獲得了充裕的淚水。

感人的電影很恐怖。透過強制按摩淚腺，連不想哭的人都哭了。話雖如此，以這種方式而累積於試管的淚水，含有哪種情緒成分呢？

哭泣的女人

「我聽說來這裡就能哭。」第一次見面時，這位年近三十歲的女性如此說道。她是一位戴銀色耳環很好看的女強人。能讓人哭出來的心理諮詢室。因為不是每位客戶都會哭，所以我覺得這個評價實在令人坐立難安，但是她坐下不久便開始哭泣。

她自己有一套感人的劇本。為了重要的人拚命付出，結果被人棄之如敝屣。這套劇本在她的人生中，一再地被重製。年幼時期在她與母親之間上演，後來在她與老師、朋友、上司，以及情人之間上演。

「沒有人懂我。」她如此說道，斗大的淚珠一顆顆滴落。而時間一到，哭泣的她嘎然停止，微笑道：「真是痛快。」

後來，相同的劇本也在她的日常中反覆上演，她屢次在面談室說明時，哭得梨花帶雨。問題是在現實中沒有改變，而且她沒有尋求改變。她像是長期公演中的女演員，持續扮演悲劇的女主角。她或許感受到了我心中的這種想法。開始面談過了半年左右，她歉然道：「老是說同樣的事，不好意思。」不久之後，她說：「讓你感到無聊了吧？」她以我為對手，開始重製感人的劇本。接著很快地，我瞬間變成了不懂她、捨棄她的角色。她嗚咽地說：「反正不管我說什麼，都和老師您無關對吧?!」她還卸下耳環，丟在地上。彷彿像是連續劇的一幕。實際上，我的應對很制式，所以也覺得她這齣獨角戲未免唱得太起勁，但是我變成了惹客戶哭的無情心理師。

有一天，她按照慣例，邊哭邊丟耳環。耳環意外地掠過我的臉頰。她慌張地說：「啊，對不起。我不是故意的。」突然回過神來。女演員步下舞台了。我心想，這是決定成敗的關鍵時刻，因此對她說：「妳真正想哭的原因，或許是因為我不是拋棄妳的情人，也不是妳母親，只是一般的心理師。」她整個人僵住，沉默不語。我接著說：「我認為，妳察覺到了不是按照劇本的現實。」她沒有反應。不過，眼淚從她的臉頰流下。那和平常的激動眼淚不一樣，是平靜的眼淚。

「付錢給你時，我覺得很寂寞。因為心想，『唉～對方是外人』。」她低喃道：「可是，或許我一直以來，就是這樣毀掉了人際關係。」

這是一個重要的認知。表演總有一天會結束。女演員的真正生活也在劇本之外。如果以感人的劇本渲染所有關係，再多的好關係也會全部變成悲劇。原來，她是意識到自己因為「表演」而漸漸變得內心空虛因而哭泣。後來，她心情沉重地沉思許久，慢慢回到了現實。

三種眼淚

眼淚有三種。第一種是洋蔥造成的眼淚，這是身體的生理反應。第二種是感人劇本的眼淚，這是能夠和許多人產生共鳴的眼淚，容易同理不幸的情節而流下眼淚。第三種是個人的眼淚，接觸到只有自己明白、自己個人的悲傷時流淚。

弗雷博士引用了「眼淚之於靈魂，恰如肥皂之於身體」這句猶太諺語。確實，看了鬼滅之刃電影，大哭之後，內心很痛快。因為使用了平常沒有驅動的情緒，內心的脂肪燃燒了。不過，大多數情況下，那種眼淚並不會改變內心。當下會覺得「啊～好棒的電影」，轉身便回到平凡的日常生活。這樣也好，這樣就好。

個人的眼淚不一樣。它並不覺得痛快，會帶來痛楚。如同那位女性意識到自己內心空虛而哭泣，這種時候，人會懊悔，變得悲傷、憂鬱。不過，那種痛楚會稍微改變生活方式，接著改變我們的內心。這是由於至今避免看見的事物，漸漸進入了眼簾。

洋蔥造成的眼淚會沖洗掉眼睛上的異物。藉由這麼做，恢復清晰的視野。同樣地，個人的眼淚會沖洗掉心眼的陰鬱，能夠比之前更清楚地看見內心。如此一來，看見的是極為個人的歷史，自己個人的故事。因此，這種眼淚建議不要累積於試管、冷凍保存、或者被做成化學成分的數值表。最好悄然放置在私人的地方。

學者的味噌湯

我要說一件俗氣的事——選舉。敝人在下，正在參與選舉。

話雖如此，並非華麗的參眾議院選舉或地方議會選舉，基本上是由一群心理師聚集的晦暗學會內所發生的不起眼的選舉。當然，就算當選也沒有半點好處。在知名電視劇《白色巨塔》中，一旦在學會爬上高位，就能占盡便宜，坐擁財富和權勢，但那顯然是虛構。在醫學界或許是那樣沒錯（但我認為不然），但是在心理的世界，是連平日晚上和週末都塞滿Zoom會議，只會收到大量的麻煩行政工作郵件。

儘管如此，我還是想獲勝。無論如何，我都想要贏得選舉。我想要被業界泰斗找去料亭（譯註：高級日本料理餐廳），讀票計票，而且想在高級俱樂部，策劃陷害強勁對手的陰謀。

如有必要，我想要跪在地上，將藏在包袱巾裡的一大疊鈔票塞進掌權人士懷裡。不過，沒有人邀請我去那種密談的場所，所以沒有做出任何參選人會做的事。這可不行。不得已之下，我決定利用《週刊文春》，進行選舉活動。

各位掌權人士，請讓小弟我贏得選舉！有好幾位老朋友出馬。有感情交好的人，也有我詛咒的人。無論如何，選輸那一天，他們肯定會訕笑：「馬耳還是老樣子，人品低下。」那種屈辱，我可是敬謝不敏。我想大勝，並嘲諷他們：「呵呵，我就是人品高尚，跟你們不一樣。」嗤之以鼻反擊。因此，鞠躬拜託，請投小弟我一票。

啊～我搞錯了！激情過頭，寫出了真心話。不對，我有表面上的出馬參選理由，請你也聽一聽。至此，文體突然為之一變。

持續提問的傳奇人物

初夏晴空萬里的某一天，志賀島的碼頭停著一輛擦得亮晶晶的高級轎車「捷豹（Jaguar）」。「遠道而來，辛苦你了。」已經年逾八十歲的傳奇臨床心理學家，等候年方二十五歲的我。接下來，我預定要在此住一晚。

擦得亮晶晶的捷豹行駛於島上的小路。南國的樹木另一頭，能夠看見可愛的房屋。在亂七八糟的客廳，傳奇人物端出麥茶和羊羹。接著，他唐突地說：「對了，真的有心理臨床學這種東西嗎？你怎麼想？」他的眼神認真盯著我：「我還不懂K老弟說的內容，所以希望你告訴我。」

傳奇人物是「日本心理臨床學會」的第一任理事長，我是因為接下該學會的工作——為了聽取他的生涯歷程，寫成公關雜誌的報導而造訪的研究生。明明如此，他卻認真地問我：「心理臨床學是什麼？」（經過錯綜複雜的歷史，而有了這種名稱的學問。）

我心裡一方面在想「這不是你創立的學會嗎？」一邊想著應該隨意回答什麼。不過，那不是我自己的話。另一位傳奇人物——K教授，擔任這個學會的第二任理事長，我就讀於深受他影響的研究所，所以我只是模仿教師們平常說的話。他可能不會接受我的回覆。

「我知道心理學，也知道臨床心理學。不過，心理臨床學是什麼？」他持續提問：「有那種東西嗎？那是學問嗎？我不知道。」

明明我才是採訪者，但不間斷發問的人是他。我們倆吃著外送的壽司，喝了日本酒。我借用了浴室，睡在擺著他妻子佛龕的房間裡。隔天清晨，他叫我起床，我們倆在海岸邊散步。傳奇人物走路很快。這一天也很晴朗，海風強勁吹拂。

那段期間，他從頭到尾仍持續提問：「心理臨床學是什麼？」我反覆地試圖回答，又不斷失敗。儘管如此，他為了思考些什麼，持續問我。

散步回來之後，傳奇人物說：「你坐著，我做早餐。」前往廚房。我的思緒一團亂，一個頭兩個大，獨自被留在餐廳。然後，我心想——傳奇人物和我之前遇過的「老師」們截然不同。他們擁有許多說法，擁有許多答案。當然，那對我而言很耀眼。相較之下，傳奇人物擁有的是問題，是源自根本且頑強的諸多問題。他透過持續提問，持續思考，即使對方是研究生，他也認真地持續討論。他是我人生中第一次遇到的真正學者。

「煮好了，來端過去吧。」耳邊傳來傳奇人物的聲音。我去端來白飯、醬菜，以及味噌湯。味噌湯的湯料切得豪邁又大塊，味道很淡。這也難怪，他已是老人。不過，我當然喝得一滴不剩。我想吸收他給我的一點一滴。

少鹽，充滿哲理

所謂學者，並非知識淵博或精通技術的人，也不是腦袋聰明的人。有這些特質雖也很好，但其本質在於持續針對根本的事提問。而且無論對方是誰，都會持續討論。就跟蘇格拉底一樣。身為學者是指不管是臨床心理學家或任何專家，本質上都是哲學家。學者的味噌湯是少鹽，充滿哲理。

學者需要學會這樣的組織。因為需要超越眼前的實用性、政治和經濟的事，用來討論根本之事的特殊場所。在「心理臨床學會」討論「心理臨床學是什麼？」或許有人會說這是遠離俗世，不過，唯有遠離俗世，才能對根本的事提出問題。

只有在能夠正經討論「根本」的場所，才能做學問。只有在那裡，學者才能遇見學者，交換意見，互相影響。不過，為了維持那種場所，必須有人參與選舉，負責管理。我從前只是幫忙跑腿的小子，如今也到了身負重任的年齡。

因此，請投我一票！想要在稿子寫下最後的請求時，我意識到這一期出版時，投票已經截止。唉~傷腦筋。要是得票數輸給那個令人火大的傢伙怎麼辦？傳奇人物們大概也思考過這種幼稚的事吧。我心想，「畢竟這是人性，他們一定也思考了這種事」，並祈求著如今往生的他們，在另一個世界過得幸福。

春季再臨

孤獨的形狀

平日愛看本連載的各位讀者，我有個非常遺憾的通知。包含這一次在內，本連載居然只剩六次就會結束。我把話說在前頭，這並非斷頭。當初約定好連載期為一年，開始至今，也過了一年。因此，連載即將結束。如同當初的計畫。

不，不對。我只是沒有被告知，其實這是否真為斷頭呢？實際上，會不會明明也可能變成長期連載，但是因為內容不出色，所以試圖委婉地趕走我？我的天啊！編輯每次都誇獎稿子寫得很好，但是背後肯定說著什麼「馬耳八成自以為在寫玩笑話，但是有點離題」，暗自竊笑吧。啊～好痛苦。我再也活不下去了。

不不不，不對。本連載就算結束，也完全沒關係。可以寫的哏一直缺乏，內心的抽屜像是趁著夜黑風高逃跑後的廚房一樣，空空如也。儘管如此，每週的截稿日期一直來，我有多痛苦啊?!只要連載結束，我就能做至今一直忍耐的種種事情，所以人生應該會超級充實。因此，連載結束萬萬歲。

不不不，不對不對。我並不想寫被害妄想和逞強的話。其實，我僅僅只是感到悲傷。少了每個月入帳的稿費，令人悲傷……我差點又要寫逞強的話了，但不是這麼一回事。結束令人悲傷。終點就在眼前，忍不住快要發瘋。於是，說出言不由衷的話、做出想也沒想過的事，想要趕走悲傷。

遺言與論文

一位五十五歲左右的單身女性前來接受心理諮商，主因是由她長期照護的父親，最後不幸離世。她父親的遺言中寫道：「大部分的遺產轉讓給弟弟。」她被辜負了。不過，縱然想要動怒、責怪，她父親也已經不在了。無處渲洩的憎恨，她只能攻擊自己。結果，她變得非常憂鬱，幾乎每天都想輕生。

然而，經過兩年的心理諮商後，她的狀況改善了。她整理對父親的感情，找到了落腳地點。她能夠從工作感受到成就感，也交到了能夠親密交往的朋友。對於自己的人生，她開始覺得「這樣沒問題」，憂鬱的情緒幾乎消失了。因此，心理諮商即將功成身退。於是我們討論，決定在三個月後結束心理諮商。她說「好捨不得」，但卻面帶微笑。她好像覺得結束是重新出發之前的休止符。

不過，接下來卻發生了異常情況。原本約好的面談遲到，或者取消面談。不僅如此，她甚至再度感覺到之前的憂鬱情緒。顯然，面談即將結束令她心生不安。

此時，她要求：「希望你把我的事寫成論文。」我感到不知所措。因為我最近沒有寫論文的計畫，而且完全不知道她為何如此要求。因此，我告訴她寫論文有困難時，她好像非常失望。下一次面談，她無故取消。而下下一週，她在面談時向我表示：「我想到今天為止。」距離我們倆決定的結束時間，還有一個多月，但是她說：「我已經無話可說。我不要緊。」相當堅持己見。

其實，那是一開始展開心理諮商時反覆的對話。當時，被父親辜負的她，也害怕遭到我的背叛。信賴萌芽前，她試圖提早結束心理諮商。幾次之後，她的不安漸漸緩和下來，但是當時的孤獨像是野火復燃了。

因此，我告訴她：「妳好像又回到從前了。結束好像讓妳回到孤獨了。」她痛苦地說：「其實老師您覺得耳根子清淨了吧？」我心頭一驚。她父親的亡靈如今在此。希望我將她的事寫成論文這個要求，會不會是希望我將她的事寫成遺書這種哀求呢？我想要討論這件事，所以告訴她：「我想，面談結束之後，不可能還有妳的容身之處，所以妳感到很難過。」她忍住淚水，點了點頭。

後來，我們得以持續討論，直到結束那一天為止。透過心理諮商，能夠做到什麼，做不到什麼呢？她的孤獨被什麼改變，什麼沒有改變呢？為了好好分離，需要時間確認兩人之間存在過的事物，以及無法存在的事物。那正是她與父親之間做不到的事。

為了迎接終點而做準備吧

我希望你將手抵在胸口，想起和從前的情人們分手的回憶。你是否重覆類似的分手方式？相似的爭吵，又陷入相似的狀況，兩人走到相似的結束。我們的孤獨就會現形於這種反覆當中。我想，那大概是因為直接面對分手，舊傷就會隱隱作痛。失去之前理所當然擁有的事物時，從前的創傷會復甦，我們會變得有些瘋狂。

當然，孤獨的形狀百百種。如同人們在畢業典禮的言行舉止各不相同，有的人變得感傷，有的人變得被害妄想。也有人像是什麼事也沒發生似地度過時光。從中能夠窺見一個人的內心。

因此，心理諮商是在決定結束之後，必須花時間討論在邁向結束之時會現身的孤獨。孤獨的出口並不只有透過與人連結而解除。縱然你維持著孤獨，而被人理解孤獨時，這也會稍微改變孤獨的形狀。孤獨是可以忍受的，也是可以體會的東西。

人終將死，就像週刊連載與本書也一定會結束。正因如此，我們在活著時，最好能多說點話。我認為，那就是為了善終所必須做的事。寫到這裡，連載只剩五次了。哎呀，好悲傷。你也很悲傷吧？因此，讓我們為了迎接終點而做準備吧。好悲傷啊～！

瓦楞紙箱國家

你知道幾年前，有了「公認心理師」這種國家證照嗎？心理師的工作長年來只有民間證照，且法律定位模糊，幾年前終於被國家公認了。這在業界是一件非常可喜可賀的事，但是我個人有所不滿。總之，我不喜歡這個名稱。你不覺得很遜嗎？

說不定有人認為，這種愚見就像是要求市公所的餐廳要氣派。可是，「公認會計師」這個名稱不就挺帥氣的嗎？那八成是因為會計該是公認的東西。世上充斥著非公認的會計，所以資本主義才會崩壞。因此，「公認」搭配「會計」的名稱簡潔有力，悅耳動聽。然而，內心是否不會被公認呢？

我思考這種忤逆國家的事，但悲哀的是，我的本性是小市民。我想要這張國家證照想得要命。不過，考試之前很辛苦。必須接受被稱為「現任者講習」的嚴酷研習。從早到晚為期一週，被軟禁在巨大會議室，一味地聽現任者朗讀教科書。那段期間，也不允許滑手機。我小時候被壞山伏（譯註：在山野中修行的修驗道修行者）詛咒，變成了無法坐著聽課的體質，對我而言，沒有比這更痛苦的苦修。

研習結束，獲得解放時，我完全被洗腦了。逢人便說：「你在做什麼？公認心理師不會做那種事喲～」到處說教。國家真可怕。規定固定的框架，讓身心正好收容其中。被公認就是這麼一回事。「不過，」我心中的非公認心理師偷偷嘀咕：「那樣真的是內心嗎？」

楞楞與蝌蚪

我還是研究生時，曾在一所小學裡打工。我的工作是在二年級的教室，輔導跟不上課程進度的孩子。這很辛苦。因為山伏的詛咒，我一聽到老師說話，馬上就會進入幻想的世界，而且屁股像是長了蟲一樣，身體動來動去，椅子根本坐不住。我才是最跟不上課程進度的人。

不，還有一位不適應的男孩。他被稱為「楞楞」。因為教室最後面，放著他專用的瓦楞紙箱。我想，他大概中了天狗的詛咒。楞楞在上課時會搖搖晃晃地起身走路，隨便對別人講話。老師一警告他，他就會陷入混亂，一發不可收拾。這種時候，他就會躲進瓦楞紙箱內。

當我要追到瓦楞紙箱內，他就會低喃「不行，我受不了了」，用奇異筆在內側壁面上塗鴉。他畫了許多房子和車子。一問之下，他說那裡是王國，楞楞是國王。我說，「哇~你真棒~」，他也畫了我的房子給我。因此，那裡變成跟不上課程進度的人的亡命之國。我開始待在那裡不走。大人和小孩在瓦楞紙箱裡動來動去，我想，那真是一幕奇怪的景象。

不過，有一天午休，幾個打鬧的男生不小心踩壞了瓦楞紙箱。楞楞看到扁掉的王國，說不出話來。老師答應替他準備一個新的瓦楞紙箱，但是恐怕要隔天之後才拿得到。下午第一節課，楞楞比平常更誇張地在教室晃來晃去，但是他無處可躲。因此，他只能衝出教室。「快追！」老師對我說，我也跑了起來。當然，我能夠馬上追上楞楞，但是我刻意減速。一邊說「等等我~」一邊慢慢跑。因為我也不想回教室。楞楞在走廊上飛奔。他跑出校舍，穿越體育館旁；抵達後院的小池塘時，他蹲了下來，說「有蝌蚪」！

我一看，密密麻麻的蝌蚪在一片混濁水池裡游來游去。春季到了。「我們來找長腳的蝌蚪。」楞楞如此說道，陸續用手指拎起蝌蚪。那是他在教室不曾展現的專注力。我說：「好強喔！」楞楞聽了咧嘴一笑。距離下課鐘聲響起之前，還有點時間，我們決定繼續抓蝌蚪。楞楞就跟灰姑娘一樣，下課鐘聲響起，魔法解除的話，他就會變回那位不適應的男孩。我也會變回沒用的研究生。反正遲早必須回教室。因此，我想再多看一下帥氣的楞楞。

在非公認的場所

我順利通過國家考試，變成了公認心理師。不過，平常工作中處理的都是些非公認的事。例如，客戶常訴說關於外遇的事。那是不能搬上檯面的私人問題，無法在醫院或市公所討論的祕密創傷。這類的內容會被帶進不公開地址的心理諮詢室。

內心在哪兒呢？果然，我想要回答的是「在瓦楞紙箱國家裡」、「在後院的池塘旁」。唯有在非公認的場所，內心才會現身。

不，內心當然也需要被公認的場所。最好能夠乖乖坐在教室裡聽課，而國家證照的講習會也該全國統一營運。名稱很遜也無妨，作為公家機關有其存在必要，這一點確實非常重要。而瓦楞紙箱國家存在教室裡也很好，要是放在路邊，想必無法包覆楞楞的內心。內心具有某種程度和眾人共通的框架，活起來會比較輕鬆。

不過，也有超出那裡的部分。我們有極為個人的東西。它在教室的日光燈下，或許看起來是異樣、奇怪的東西。不過，在混濁的池塘旁抓蝌蚪時，個人的東西看起來則具有「愣愣的風格」，顯得帥氣。我認為，和這兩者來往，正是與內心交流。因此，即便如今已成為國家公認心理師，我心中的非公認心理師仍繼續偷偷嘀咕著：「那，真的是內心嗎？」

附身與劇場

「馬耳，我跟你說。」「瑪蒂爾達，說什麼？」「我改天想去古巴看看。」「真的嗎？泡盛似乎是以泰米釀成的。」「哎呀，我怕喝泡盛。我會嚴重宿醉。」「噢～今年的芝加哥公牛隊大有可為。」女人輕輕地將玻璃杯放在吧檯。「馬耳，你完全沒在聽我說話吧？」她的語氣中透著不悅。男人佯裝平靜，淺抿一口威士忌。「瑪蒂爾達，我有在聽喲。我的全身都是耳朵。」女人嘆了口氣，從座位起身。「我是瑪麗。不要再跟我說話了。」

馬耳東畑是在堪薩斯州托彼卡的一家純美式酒吧，假裝馬耳東風的日本硬漢。馬耳兄盡情剖析演藝新聞，想要進行那方面的連載。

從前，基督教作家遠藤周作自稱「狐狸庵山人」，臨床心理學家河合隼雄自稱「日本說謊俱樂部會長」，撰寫著散文。他們都這麼表示：「平常從事正經工作的人為了寫輕鬆的散文，有第二人格就很方便。不僅如此，第二人格會豐富內心。聚光在非日常生活的另一面，身邊的人也會覺得『他就是這樣，真拿他沒辦法』，溫和對待。」

正因如此，我的第二人格是馬耳兄。我至今八面玲瓏地汲汲營營於生活，今後決定馬耳東風下去，開始了本連載。儘管如此，好悲哀啊。相較於變成知名角色的狐狸庵山人，馬耳兄這個角色依舊存在感薄弱，特色尚未鮮明地確立。結局就是，讀者既不認識、身邊也沒人把我當作馬耳對待。於是，我如今也汲汲營營地四處討好。唉，我全身上下充滿了遺憾。

向神社求助，而非醫療

我聽到了一件不可思議的事。一名女性有個拒學的女兒，她為了討論這件事而來接受心理諮商。但有一天，她說起了完全無關的事。

結婚前，身為系統工程師時，她很不幸。她在大學唸資訊科學，想要累積資歷，但是職場有一片玻璃天花板，上司和同事都對她冷眼相待。同一時期，她和交往的男性分手。因為男方和他的家人，以及她自己的家人都要求她走入家庭，但是她拒絕了。

諸事不順。如今回想起來，她當時的精神狀態變得異常。睡不好覺，總是感到不安。不過，她求助的不是醫療，而是神社。她開始在下班的回家途中，順道前往從小經常去玩的當地神社。她並不相信神明。不過，她莫名開始祈求：「神啊，請救救我。」

加班到很晚的某一天晚上，她一如往常在香油箱前雙手合十時，有個恐怖的聲音呼喚她的名字。「〇▲╳！」她不寒而慄。那個聲音接著呼喊：「◇╳●！」聲音的主人自稱是「神明」。

她幾乎沒有當時的記憶。不過，世界變成了劇場。神明的聲音下指令，她按照指令行動。她在職場痛斥上司，演變成大打出手的場面。她嚴肅地告訴家人，「我要死了」。眾人驚慌失措，帶她去找各種通靈人士，四處祭拜祖先的墳墓。她辭掉工作，領了不少離職金。最後，她住進了醫院身心科。過了三個月後，她出院時，已經完全聽不見那個聲音。因為神明離去了。

人生完全變成了一片荒蕪。三十歲的她沒有工作，家人已經不求什麼，只求她平安。她休養一陣子之後，以約聘人員的身分，重新展開工程師的工作，後來，她被錄用為正職人員。她和一位投緣的男性結婚，生了孩子；她一面繼續工作，一面育兒。幾年後，女兒變得不去上學。「我如今還是不曉得那是怎麼一回事。」她百思不解。我也不曉得怎麼回事，不知道為何如今她說起那件事。「這件事真匪夷所思。」她硬下結論之後，又回到女兒滑手機到深夜的話題。

內心的世界巡迴公演

世人認為，一個人有一個內心。不過，其實內心有多個。實際上，就連如今這一瞬間，我心中有「我」的聲音，也有「馬耳兄」的聲音。因此，一下子寫成「我」，一下子寫成「俺」，第一人稱變來變去，好不忙碌。

內心宛如劇場。你的心中有多個人物，他們上台、下台、吵架、和解，演出一齣戲。並非其中一個是「真正的自己」。每一個都是真的，而每一個都只是一部分罷了。他們能夠絮絮叨叨地討論、交涉、妥協時，我們可說是完全活出了「自己」。

不過，心中時常容納不下戲劇。被附身的這位女性就是如此。她身為女性，在遇到生命瓶頸的情況下，她心中的「不能這樣活下去」這個聲音，以「神明」這種形式現身。那「戲劇」性地改變她的環境。內心的劇場展開了世界巡迴公演。世界本身變成劇場，周遭的人被捲入，引發軒然大波。這種事情從前常有，在現代也經常發生，客戶會在心理諮詢室悄悄訴說。

最好能夠確切地給予內心的演員台詞。他們最好有角色，有精彩的場面。若只有一位演員一直演著獨角戲，這種戲劇未免過於冷清，一旦沒有出場機會的演員爆發了不滿情緒，內心的劇場就毀了。內心與內心確實對話時，內心就能自然地存在。

寫到這裡，我意識到馬耳兄之所以存在感薄弱，或許根本是因為「我」和「馬耳兄」之間毫無區別。說不定，我從以前就一直是馬耳東風。真奇怪，明明我平常將全身變成耳朵，八面玲瓏地生活著呢。

冷淡對待未來

如今，我在寫這篇文章時，正值畢業典禮的季節。這是可喜可賀的時期，學生們準備邁向各自的未來。然而，有的人前途一片光明，有的人天黑一邊。有的學生決定到第一志願的企業就職，滿心期待；有的學生被迫屈就不滿意的工作，感到懊悔。甚至也有學生根本找不到工作，不知道春季之後該如何是好。即使一樣念了四年大學，未來有千百種可能。這雖是理所當然，但我還是覺得社會很殘酷。

究竟是什麼產生了差異？我一問，找到理想工作的學生們都給出一樣的答案：「我很早就在準備了。」從大學二年級時開始搜集資訊，深入理解職涯和業界；參加說明會和短期實習，篩選想去上班的公司。到了三年級，參加該公司的長期實習，讓公司的人記得自己的長相。於是，真正開始求職時，馬上就會被內定錄用。相對地，求職不順利的學生則說，他們被動採取對策，赫然回神，求職的時期已經結束了。

說穿了，就是「看準未來，充分準備，全力以赴」這種八股的內容。在大學的求職研討會中，台上的人苦口婆心地說著這種內容，學生們搞不好從小學就一直聽到成人。如同八百年前，偉大學者看透那樣——這個社會往往厚待為了資本主義以及未來而活的人。

這種事情我懂。不過，我實在無法邁向未來而行動。光是處理現在紛至沓來的大小事，就竭盡全力了。聽著學生們那麼說，我覺得未來不是所有人理所當然擁有的東西。為了讓未來存在，有不可或缺的前提。

財務、職涯與血糖值

一位四十歲出頭的男性在內科專科醫師的轉介下，前來接受心理諮商。理由是他自己無法妥善控制糖尿病。他三不五時就偷懶，沒注射胰島素，而且難以管理飲食。此外，還有一個問題。如今的工作任期即將結束，他必須開始找新工作。

不過，真正的問題是，他對於上述種種狀況都感到絕望。無論是糖尿病或換工作，一直努力有意義嗎？「我覺得，隨便啦。」他置身於無力感和憂鬱之中。

他有各種隱情，其中之一是大學畢業碰上就職冰河期，實在倒霉。他找不到正職工作，長年以來，作為約聘員工和派遣員工的身分工作。他自責這是因為自己的能力和努力不足。實際上，他很認真，是個擅長溝通的人，所以我認為這個判斷有失公允。因此，我也曾告訴他，「是社會的錯，社會不該冷淡對待你」，但是他不為所動。

面談的情形有好有壞。他一方面試圖努力面對現實，一方面覺得「隨便啦」，感到絕望。他想寫履歷表，但是寫到自己的長處欄就寫不下去。節制碳水化合物的隔天，卻暴飲暴食。他想要珍惜自己，但是做不到。我們針對這樣的他，持續討論。

儘管如此，時光流逝。即使內心在原地打轉，現實也會迎面而來。工作的任期逼近。不過，被逼得走投無路的他，身上發生了意想不到的事。幾個朋友介紹工作給他。他的工作表現和人格受人青睞。他又驚又喜，但是不知所措，因為他不知道該選哪個工作才好。人生是「無關緊要的東西」，所以他至今隨波逐流地一路走來。不過，如今有多個未來擺在他面前，他必須做出選擇。

煩惱半天之後，他開啟了 Excel。他用 Excel 記錄每個月的伙食費和居住費等支出，計算、彙整今後需要的物品和想要的物品，以及必須儲蓄的金額。有生以來，他第一次試圖掌握自己的財務。於是，該選的工作自然出現在他眼前。不僅如此，他甚至頑強地和雇主交涉待遇。他想像不久的未來，想要將它納入手中。

三個月後，他趁換工作的契機，結束我們的心理諮商。最後一次，我問了心裡掛念的事。「身體如何？」他靦腆地說：「說到這個，很不可思議。」他有些洋洋得意。「不知道為什麼，我能夠控制血糖了。」從開始計算伙食費時起，他調整生活習慣，也不再忘記注射。據說血糖值降至接近正常值，似乎連主治醫師也很驚訝。不過，我覺得我知道原因。因為財務、職涯和血糖值息息相關，它們都是愛護自己的事。我如此心想，接著望向他，總覺得他看起來有了自信。

是社會不好

為了在未來能夠生存，不可或缺的是希望。為了讀書準備明天的考試，必須有說不定能考到好分數的自己。正因為能對現在的自己抱持希望，人才能想像未來，展開行動。

若以老套的話來說，或許是「自我肯定感」。實際上，那位男性常說：「我的自我肯定感很低，該怎麼肯定自己，我做不到。」不過，原本肯定自己的就不是自己，而是他人。進一步而言，社會也有這個義務。

我在想，企業因為景氣變動而縮減錄用。企業看準經濟前景，剝奪了那些有前途的年輕人的工作。那是被視為各個年輕人的自我責任，連他們用來想像未來的能力都被剝奪了。這正是剝奪我們的社會的未來。

我目送著自責的學生們，一一畢業離去，如此心想。我想要對他們說：「你們沒有錯，是社會的錯。社會錯在冷淡對待應該珍惜的未來。」於是，我意識到了。是否自我肯定感低的是社會才對？如今社會是否變得無法想像未來，凡事也無法操之在己呢？

內心有兩個

下次就是專欄最後一篇了。我這幾天在思考有沒有其他漏寫的事，但是我根本幾乎不記得自己至今寫了什麼。因為一直沒有整體的結構和大綱，隨手寫下每天的浮光掠影。週刊連載令我完全無暇回顧過去，以及思考未來。

也就是說，我們的生活也是如此。宛如障礙賽跑，「每天」步步進逼。我們拚命跨越陸續逼近的障礙，予以克服。轉眼間過了一年。我無法一一記住自己跨越了哪種難關。而生活，就是一種遺忘的積累。

儘管如此，若以一年這個單位回顧，時間在那段期間並非靜止不動。雖然周遭的人感覺不出來，自己也難以察覺，但實際上，一年前的自己和如今的自己有點差別。這種差別若是累積三年、五年、十年，或許時間的潮流會顯得清晰，看起來像是河流。人大概會稱之為經歷或人生。

我如此心想，回顧過去，察覺到本連載的前半部有許多新冠疫情的內容，後半部淨是在寫「內心為何」。因為我覺得在世界大幅改變的情況下，留給內心的場所卻日漸縮小。我身為基層心理師，心想「必須進行內心的掩護射擊」。因此，至今我專注書寫「儘管如此，內心還是存在」。

儘管如此，內心還是存在。倘若真是如此，內心究竟在哪裡？最終還是必須回答這個問題。

白色耳機與白日夢

一位三十多歲的男性在沙發坐下之後，摘下白色耳機，與我聊了五十分鐘，然後再度戴上耳機，從諮詢室離去。

他從事影像相關的工作，之所以來接受心理諮商，是因為他經歷二度離婚，搬到一人獨居的地方之後，遭到憂鬱襲擊。不過，開始心理諮商之後不久，憂鬱緩和許多。取而代之的是，他開始訴說自己的作品是以何種理念創作，又受到何種評價。

他說的內容富有知識性且有趣，我一開始佩服地聽著，不過，我漸漸聽膩了。因為，那終究是在自吹自擂。他摘下耳機，訴說他的成功，再戴上耳機。面談如此反覆。我數度試圖將成功故事背後的受傷部分當作話題，但是他好像沒有意會過來。

有一天，他回去之後，白色耳機盒被遺留在沙發上。想必是從他的口袋掉落的。下一位客戶回去之後，我傳簡訊告訴他東西忘了帶走，他馬上回覆我，隔天特地從工作地點前來取回。

下一週，他道歉說：「沒有那個就無法充電，我很傷腦筋。」又補充，他一整天都戴著耳機聽舞曲。接著，難為情地補上一句：「我邊聽著音樂，心想作品被讚美的畫面。這麼一來，心情就會嗨起來。」

原來他作了白日夢。他馬上把話題轉向平常的成功故事，但是我開始察覺到之前所感覺到的那股厭煩，其實是寂寞。我總覺得能夠懂他的前妻們的心情。他一個人在白日夢中感到滿足，即使待在同一個房間，我也只是他發表幻想的聽眾。那令人感到寂寞。

我抱持寂寞的心情，傾聽他的話好一陣子。於是，我忽然心想。這分寂寞會不會其實是屬於他的？他心中會不會有另一個沒人理會的自己，為了消除那個自己，而拚命訴說著作品的成功？原來離婚後，他面對的是這份寂寞。如此一想，我感到難過。寂寞變成了悲傷。

因此，我在他說到一個段落時，告訴他：「其實，你是不是還很憂鬱呢？」他沉默了。「我想，我是用音樂和幻想在掩蓋它。」他痛苦地回答：「……黎明時很痛苦。我懷疑自己會一直孤伶伶一個人。」這時，我能夠和受傷軟弱的他相處了。

後來，他稍微有些改變。雖然他繼續說成功故事，但是他開始不時回顧身邊的人最終離去的自己。那樣的日子，他沒有戴上耳機就離開了諮詢室。

驀然回首，心就在那裡

內心在哪兒呢？它不在大腦，也不在心臟。即使用顯微鏡看、照X光，也看不到內心。能夠看到內心的只有內心。內心只能存在另一個內心裡。

我說的或許聽起來很玄。不過，希望你想起來。第一個發現我們的內心的人是他人。

身邊的大人在我們意識到自己的內心之前，就察覺到「你肚子餓了吧？」、「你心情很好吧？」我們的內心會在某個人心中產生。自從累積那種體驗過後，終究才會回顧自己，開始在自己的內心，察覺到自己心中的痛苦和喜悅。

不過，如同那位男性用耳機塞住內心，我們也會消除自己的內心。那種時候，失去棲身之處的內心會外洩。就像我代替他感到寂寞，感受到自己痛苦的心情而十分難受時，我們會使身邊的人感到痛苦。這種悲痛的作法是為了避免扼殺痛苦的自己。

因此，我將他的內心放在我的內心，然後還給他。暫時保管很重要。這麼一來，下一次或許他就能自己回顧自己的內心。說不定他就能將內心放在別人的內心。我認為，這種反覆就是對話的本質。

生活是遺忘的積累。這樣就好。現代的我們沒有餘裕時常面對內心。儘管如此，內心還是存在。偶爾就好。驀然回首，心就在那裡。說起來，這一年就是如此。撰寫著文章，讀者們閱讀。這裡有兩個內心，我的內心和讀者你的內心。為了讓一個內心存在，必須有兩個內心。

憑藉一把橘色的雨傘

叮咚～。玄關的老舊電子門鈴響起。我打開大門，迎接客戶入內。外頭下著小雨。她仔細甩掉橘色雨傘上的水滴之後，進入室內。我看準她安穩坐在灰色沙發上時，告訴她：「那麼，我們開始吧。」這是平常的開場白。她確認著說：「今天是最後一次吧？說什麼好呢？」

她五十歲出頭，這三年從不間斷地於每週五的下午前來與我面談。起先，是因為她就讀高中的女兒拒學。但後來，我們持續討論的是她那位不自覺地傷害女兒的丈夫。而且長年以來，她自己也同樣被丈夫傷害著，卻沒有意識到這一點。

這是痛苦的心理諮商。因為在這段時光，她會知道在那之前曾以為是理想伴侶的丈夫背後的另一面，對他的印象幻滅。期間發生了許多艱難的事。內心產生糾葛，發生衝突，她數度感到絕望。我們就這樣每週討論著這類的事情。

三年過去了。她女兒升高中就學，她和丈夫決定離婚。她女兒為了升大學，而她丈夫為了展開新生活，兩人紛紛離開了家，留下她一個人。相隔二十年，她重新開始工作。她偶然與從前的同事重逢，因而想要展開新的生活。我們決定在這個時間點，結束這一段心理諮商。因為，她的人生階段改變了。

改變了嗎？

她問我：「我改變了嗎？」我想起了第一次遇見她時的事。那一天也下著雨，她甩掉塑膠傘上的水滴；惴惴不安地訴說女兒的事，感到非常自責。我回答她：「妳改變了，不是嗎？妳一開始覺得全部都是自己的錯。」她淺淺一笑。「是啊，結果壞人不只我一個。」

我們倆回顧這三年以來的事。她對丈夫感到幻滅的那段時光，同時，也重新撿回受他控制之後，曾被奪走的自己的力量。她知道自己有自己的想法，也知道可以藉由行動反抗丈夫。明明單身時代，她喜歡在百貨公司尋找漂亮的雨傘，赫然回神，察覺到自己已改買便利商店的塑膠傘。因此，有一天，她睽違許久地在百貨公司買了一把高價的雨傘。「我今天也帶來了。」她滑稽地笑道：「那變成了一把劍。」沒錯，她以那把橘色的雨傘和丈夫奮戰，保護女兒，贏得了財產分配。

不過，她的表情突然變得僵硬。「可是，我真的改變了嗎？」這是一個困難的問題。聽到她說「真的」，我頓時不明白許多事情。她接著說：「最終，我還是活得像我母親一樣。」

她母親離婚後，獨自一人養育她。母親是一名堅強但孤獨的人。她很感謝這樣的母親，但也被母親的孤獨傷害。因此，她為了避免孤獨地活著，允許丈夫控制她。

她心懷怨恨。「花了三年，得到的卻是孤獨。」她如此訴說。那的確是現實。不過，我察覺到她的怨恨中，含有另一個現實。她正訴說著面談「當下」的痛楚，我心想。我們再也不會見面了，孤獨也在我們眼前。因此，我告訴她：「在這裡結束也很痛。」她點了點頭。

「可是，我也真的該前進了。」我也點頭。因為我真的那麼認為。

「時間到了。」這是我平常結束談話的台詞。她從錢包掏出紙鈔。我拿起收據。我們交換這兩者。這時，她說：「其實，我並不想離婚喲。」我回應：「嗯，我知道。」她微微一笑，然後深深一鞠躬，走出諮詢室。大門打開，外頭還在下雨。我看見橘色雨傘在玄關外打開，心想，「好像夕陽」。大門一關上，轉瞬間消失眼前。

結束是報酬

目送她離去之後，回到辦公室。為了抽菸，我來到陽台；叼著電子菸，吐出水蒸氣的煙。因為下著雨，所以只能看見平日時常看到的住商大樓，但或許是心理作祟，世界看起來好明亮。我心想。

結束是好的。

不少心理諮商的結果，不同於客戶自己一開始勾勒的未來。失去原本希望保有的事物，獲得想也沒想過的事物。如同她失去丈夫，獲得一把橘色雨傘。

若是內心面對現實，想要接受它而搏鬥，就會變得如此。為了和各種極限妥協，不得不埋葬舊的心願，將手伸向新的希望。結果，說不定會變成意想不到，變形的生活方式。儘管如此，那裡有該客戶的原創人生。在漫長的心理諮商結束後，我內心總會感受到深深的創造性。

結束，是這份工作的報酬，是認為從事這份工作真好的時刻，雖然並非都能圓滿收場。有的事做得到，有的做不到。儘管如此，兩人談論，劃清界線。這件事本身具有安靜的滿足感。雖然心裡百感交集，但是能夠捨得好好道別，我覺得這是一件幸福的事。

這是一段美好的時光。我抽著菸，品味這段與道別獨處的時光。心理師經常有這種時光。不，你應該也有。沒有毫無別離的人生，人生也有討厭的別離，但是也有好的別離。因此，你應該也懂對吧？本書還剩幾頁就要結束。再寫幾行，寫完之後，那種寧靜的時光一定也在等著我。

雨持續下著。我抽完菸，喝一口咖啡之後，查看手機。想要回覆一則簡訊時，門鈴響起。叮咚～。

我打開大門，切換我的內心。為了迎接下一個內心進入這間街角諮詢室。

後記

本書十分像是一條吃著尾巴的蛇。

以描寫幕後的序文，掀開序幕的馬戲團，隨著季節更迭，歷經春、夏、秋、冬、春，然後閉幕。然後，再度回到幕後的序文。

開始和結束連結，因此能夠無限循環。

作為在不成眠的夜晚閱讀的書，應該還不錯。無論內容如何，起碼不用擔心睡意來臨之前，故事就結束。

就這個層面來說，寫這篇後記感覺是個愚蠢的行為，就像是讓一條啣著尾巴的蛇長出腳來，令人有所顧忌，但我還是想要簡潔地寫下兩點。

一是關於本書提到的客戶的情節。

心理師是一個處理祕密的職業。內心寓於極為個人、不被任何人知道的想法，因此身為專家，我不能直接寫下實際的案例。所以，我「創作」了故事。

不，那與其說是創作，反而比較類似做夢。我先前寫到，夢是搬運內心質感的載具。同樣地，我只留下至今遇見過的客戶們的內心質感——絕望與孤獨、不安與憎恨、勇氣與安心、智慧與愛，具體的事實全部改編、更換、重鑄，產生這些故事。

不過，唯獨有一個事件，為了呈現讓內心寓於細節的具體事實，因此我如實寫下詳情。那位客戶懷著希望對某人有所幫助的想法，在百忙之中閱讀稿子，並允許我刊載，我在此由衷感謝。

另一點是，我由衷希望像這樣撰寫的幾個故事，能夠喚起讀者們自身的故事。某個人太渺小的故事，喚起置身於截然不同遭遇的另一個人太渺小的故事。故事具有喚醒另一個故事的強大力量。

這正是過去臨床心理學作為原理的力量，也是吸引我學習這門學問的力量。故事觸發故事。我相信這門學問，以及我們的社會還具有產生那種事物的力量，因而寫下了本書。

最後是謝辭。

週刊雜誌連載比我想像的更嚴酷許多，有時候甚至像是災難，幸好北澤平祐創作的插圖充滿幽默和詩意，數度鼓勵了我。

《週刊文春》編輯部的桒名仁美（音譯）和波多野文平在連載時，以及改成單行本時，給了我莫大的支持。

精神科醫師熊倉陽介、心理師山崎孝明、堀川聰司這幾位與我同世代的心理專家，從連載時的草稿階段就給予許多建議和創意。

多虧以上幾位的協助，本書才得以問世。

二〇二一年六月　寫於老地方「Renoir」的禁菸席

東畑開人

本書連載自《週刊文春》二〇二〇年五月七・十四日至二〇二一年四月二十九日，集結專欄「內心真痛苦喲」內容，經調整、補充、修正而成。

內心封閉時代的街角諮詢室

心はどこへ消えた？

作者　東畑開人
譯者　張智淵
主編　蔡曉玲
編輯行銷協力　黃冠寧
封面設計　莊謹銘
內頁設計　賴姵伶

發行人　王榮文
出版發行　遠流出版事業股份有限公司
地址　臺北市中山北路一段 11 號 13 樓
客服電話　02-2571-0297
傳真　02-2571-0197
郵撥　0189456-1
著作權顧問　蕭雄淋律師

2023 年 6 月 1 日　初版一刷
定價新台幣 380 元
（如有缺頁或破損，請寄回更換）

Printed in Taiwan
ISBN：978-626-361-089-7
遠流博識網 http://www.ylib.com
E-mail: ylib@ylib.com

國家圖書館出版品預行編目 (CIP) 資料
內心封閉時代的街角諮詢室 / 東畑開人著；張智淵譯．
-- 初版．-- 臺北市：遠流出版事業股份有限公司，
2023.06
　面；　公分
ISBN 978-626-361-089-7 (平裝)
1.CST: 心理輔導 2.CST: 臨床心理學
178.3　　　　112004898